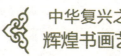

中华复兴之光
辉煌书画艺术

岩画千秋古韵

孙常福 主编

汕頭大學出版社

图书在版编目（CIP）数据

岩画千秋古韵 / 孙常福主编. -- 汕头：汕头大学
出版社，2016.1（2023.8重印）
（辉煌书画艺术）
ISBN 978-7-5658-2343-5

Ⅰ．①岩… Ⅱ．①孙… Ⅲ．①岩画－介绍－中国－古
代 Ⅳ．①K879.42

中国版本图书馆CIP数据核字(2016)第015270号

岩画千秋古韵　　　　　　　　　YANHUA QIANQIU GUYUN

主　　编：孙常福
责任编辑：邹　峰
责任技编：黄东生
封面设计：大华文苑
出版发行：汕头大学出版社
　　　　　广东省汕头市大学路243号汕头大学校园内　邮政编码：515063
电　　话：0754-82904613
印　　刷：三河市嵩川印刷有限公司
开　　本：690mm×960mm　1/16
印　　张：8
字　　数：98千字
版　　次：2016年1月第1版
印　　次：2023年8月第4次印刷
定　　价：39.80元
ISBN 978-7-5658-2343-5

前　言

　　党的十八大报告指出："把生态文明建设放在突出地位，融入经济建设、政治建设、文化建设、社会建设各方面和全过程，努力建设美丽中国，实现中华民族永续发展。"

　　可见，美丽中国，是环境之美、时代之美、生活之美、社会之美、百姓之美的总和。生态文明与美丽中国紧密相连，建设美丽中国，其核心就是要按照生态文明要求，通过生态、经济、政治、文化以及社会建设，实现生态良好、经济繁荣、政治和谐以及人民幸福。

　　悠久的中华文明历史，从来就蕴含着深刻的发展智慧，其中一个重要特征就是强调人与自然的和谐统一，就是把我们人类看作自然世界的和谐组成部分。在新的时期，我们提出尊重自然、顺应自然、保护自然，这是对中华文明的大力弘扬，我们要用勤劳智慧的双手建设美丽中国，实现我们民族永续发展的中国梦想。

　　因此，美丽中国不仅表现在江山如此多娇方面，更表现在丰富的大美文化内涵方面。中华大地孕育了中华文化，中华文化是中华大地之魂，二者完美地结合，铸就了真正的美丽中国。中华文化源远流长，滚滚黄河、滔滔长江，是最直接的源头。这两大文化浪涛经过千百年冲刷洗礼和不断交流、融合以及沉淀，最终形成了求同存异、兼收并蓄的最辉煌最灿烂的中华文明。

五千年来，薪火相传，一脉相承，伟大的中华文化是世界上唯一绵延不绝而从没中断的古老文化，并始终充满了生机与活力，其根本的原因在于具有强大的包容性和广博性，并充分展现了顽强的生命力和神奇的文化奇观。中华文化的力量，已经深深熔铸到我们的生命力、创造力和凝聚力中，是我们民族的基因。中华民族的精神，也已深深植根于绵延数千年的优秀文化传统之中，是我们的根和魂。

中国文化博大精深，是中华各族人民五千年来创造、传承下来的物质文明和精神文明的总和，其内容包罗万象，浩若星汉，具有很强文化纵深，蕴含丰富宝藏。传承和弘扬优秀民族文化传统，保护民族文化遗产，建设更加优秀的新的中华文化，这是建设美丽中国的根本。

总之，要建设美丽的中国，实现中华文化伟大复兴，首先要站在传统文化前沿，薪火相传，一脉相承，宏扬和发展五千年来优秀的、光明的、先进的、科学的、文明的和自豪的文化，融合古今中外一切文化精华，构建具有中国特色的现代民族文化，向世界和未来展示中华民族的文化力量、文化价值与文化风采，让美丽中国更加辉煌出彩。

为此，在有关部门和专家指导下，我们收集整理了大量古今资料和最新研究成果，特别编撰了本套大型丛书。主要包括万里锦绣河山、悠久文明历史、独特地域风采、深厚建筑古蕴、名胜古迹奇观、珍贵物宝天华、博大精深汉语、千秋辉煌美术、绝美歌舞戏剧、淳朴民风习俗等，充分显示了美丽中国的中华民族厚重文化底蕴和强大民族凝聚力，具有极强系统性、广博性和规模性。

本套丛书唯美展现，美不胜收，语言通俗，图文并茂，形象直观，古风古雅，具有很强可读性、欣赏性和知识性，能够让广大读者全面感受到美丽中国丰富内涵的方方面面，能够增强民族自尊心和文化自豪感，并能很好继承和弘扬中华文化，创造未来中国特色的先进民族文化，引领中华民族走向伟大复兴，实现建设美丽中国的伟大梦想。

目　录

南系岩画

北系岩画

　　我国古代北系岩画分布在黑龙江、内蒙古、宁夏、青海、甘肃和新疆等省、自治区。其中，内蒙古阴山山脉、贺兰山北部、乌兰察布高原等地的岩画，多表现狩猎、战争、舞蹈等活动，描绘有穹庐、车轮、车辆等器物，还有天神地祇、日月星辰、原始数码以及手印、足印、动物蹄印等图像。

　　我国北方岩画作品风格写实，技法主要是磨刻，主要反映了古代北方各狩猎游牧民族的宗教信仰、审美观念等方面的情况。

数量极其庞大的阴山岩画

在内蒙古巴彦淖尔市境内的阴山山脉中，东起乌拉特中旗的阿其尔山，西至磴口县的布敦毛德沟，东西横跨240千米的山地和草原的石壁上，镌刻、凿磨着精美的古代岩画，它们分布在153个区点上，共有

5.3万余幅，是我国岩画数量最多的地区。

这些岩画分布面积广，题材数量多，内容丰富，艺术地表现了我国古代北方草原、山地狩猎游牧人的社会生活和意识形态，是中华民族艺术渊源的组成部分，像一颗颗璀璨的明珠闪烁着不朽的光辉。

早在5世纪时，内蒙古自治区乌拉特前旗、乌拉特后旗、乌拉特中旗、磴口县境内的阴山岩画就被北魏地理学家郦道元所发现，他在著名的《水经注》中作了详细的记述。这些记载是世界上对阴山岩画最早的记录。

阴山岩画分布非常广泛，最多的地方在乌拉特中旗南部的地里哈日山的黑山上，东西延伸5千米，仅此一处，岩画就在1000幅以上。

在地里哈日山东北不远的山南坡和山顶部也有大量岩画，和地里哈日山岩画毗连一起，成为一个岩画分布区。

此外，在地里哈日山西南约8千米的瓦窑沟北山，每隔2米至10米或稍远一些便有一处岩画，总数在900幅以上。

其次，在磴口县的北托林沟山地的黑石上，一般2米至3米就有一

幅岩画，最远间隔不超过10米，其总数在500幅以上。

最密集的岩画群一个在默勒赫图沟一处迎北的崖壁上，由80个人头像组成。另一个在格和尚德沟中段的一块迎西的石壁上，由50个个体画组成。

岩画面积最大的是乌拉特后旗大坝沟口西畔石头上的正方形岩画，面积达400平方米。

阴山岩画的创作年代可上溯到1万多年前，历经了十分漫长的岁月。阴山岩画题材之广、内容之丰、世上罕见。与其他岩画相比，阴山岩画的主要特点有：

岩画的作画时代跨度大，可分为旧石器时代晚期、新石器时代、青铜时代、战国时期、秦汉时期、南北朝时期、隋唐时期、西夏时期、蒙元时期、明清时期共10个阶段。

阴山岩画分布在祖国北疆少数民族地区，在古代先后是荤粥、土方、鬼方、林胡、楼烦、匈奴、鲜卑、突厥、回鹘、党项、契丹、蒙古等少数民族繁衍生息、游猎驻牧的地方，这里留下的大量岩画是他们的杰作，是他们生产、生活和生存的历史见证，再现了他们当时的审美观、社会习俗和生活方式。

分布范围相当广阔，在全国十分罕见。

题材内容十分丰富，在全国乃至世界各地已发现的岩画题材和内容，大多都可以在这里找到。

阴山岩画的鼎盛时期形成于中原地区战国到汉代的一段时期。这些岩画是当时我国北方的少数民族匈奴人制作的，许多岩画刻画了鹿的各种姿势，并且与内蒙古南部鄂尔多斯高原出土的匈奴铜鹿的形象相同。据郦道元在他所著《水经注》一书中的记载，岩画中一部分虎、马图形和鹿、马蹄印是在北魏以前雕刻的。

属于突厥风格的阴山岩画形成时间是从4世纪至10世纪早期，一些山羊图形的岩画与在蒙古国发现的唐代碑刻上的典型突厥风格的野山羊岩画相似。时间较晚的一组岩画属于蒙古、回鹘、党项等少数民族岩画。阴山岩画有相互重叠或新旧杂陈的现象，也有把早刻的图形加以补刻或增刻的痕迹。

但由于图形色泽、制作技术、画的风格特点不同，因此可以判断其年代的早晚。

阴山岩画大体上可以分为4个时代、5个时期：

第一代岩画，是旧时器时代晚期至青铜器时代中期原始氏族部落的岩画。这是岩画的鼎盛时期，数量多，分布广，制作认真。

第二代岩画，是春秋时代晚期至两汉时期匈奴人的岩画。

第三代岩画为中世纪岩画。这代岩画又可分为两个时期，即：北朝突厥人岩画和五代至宋代回鹘、党项人的岩画。突厥人岩画数量较

少、内容以表现家畜为主，其中山羊占有突出地位。

阴山岩画的表现手法有抽象化、图像化的特征。回鹘岩画的突出特点是用铁刃画刻而成，线条细而浅，题材多为仿前代作品，并有少数植物图案和回鹘文字。党项人岩画大都是敲凿而成，做工粗糙但色泽新鲜，多如新作一般，并伴有西夏文字，形象性很强。

第四代岩画是元代以后蒙古族的作品，属近代岩画。岩画分敲凿岩画和颜料岩画两种。颜料岩画为蒙古民族特有，岩画内容除一部分反映生活、生产，如奔马、双峰驼、牧工图等之外，多数是与藏传佛教有关的图案。

阴山岩画的题材非常广泛、内容十分丰富，大致有以下几大类：

一类是动物图像。动物与当时尚处于狩猎或放牧时代的游牧民族是息息相关的，它们是游牧民族主要的食物来源，而兽皮则用作缝制衣裳。

因此在岩画中，动物图像占的比重是最大的。其中有马、牛、山羊、长颈鹿、麋鹿、狍子、罕达犴、狐、驼、龟、犬、鹰等各种飞禽走兽。这些动物的刻画，大都采取了写实手法，一般的都很形象而生动，有的甚至达到了写实与艺术的完美结合。

在乌拉特后旗有一幅群虎图，堪称一幅精彩之作，九只老虎被刻画得栩栩如生，结构安排也很巧妙，浑然天成。

动物图像的代表作品是《动物百态图》，它分布在狼山炭窑口。

炭窑口是一个奇妙的地方，青翠的山脚下，一道红色的山岭由西向东延展开来，那散布着的石块宛如人工建造的防护堤，摞迭有序。

在那裸露的石壁、山崖上面，凿刻着许多十分生动的大型动物形象。有山羊、绵羊、羚羊、大角鹿、马、骡、驴、驼、野牛、野猪、

狼、虎、豹等，还有如野驴、鸵鸟、四不像等，还有绝迹了的动物。

这些动物形象极具动感，或引颈长嘶，或回首短鸣，或慢步缓行，或四蹄腾跃；有的彼此含怒欲斗，有的相互舐吻亲热。

尤其半山腰陡壁上的一头1米多高的骆驼岩画，由于崖壁坐北朝南，避开了猛烈的西北风的侵蚀，岩画保存得很好。那骆驼高昂着头，驼峰高耸，脚下踩着一只小动物，越发衬托出它的强健有力。

动物是古代草原民族赖以生存的衣食之资、生活之源，如此多的动物图像正是先民们对动物崇拜的印证。阴山岩画的动物图像极其丰富，占到总数的90%以上。除了炭窑口那些单独描绘的动物图像，大多数的动物图像则是与当时的狩猎生活联系在一起。

另一类就是牧猎场景。在游牧民族生活中，行猎、放牧是他们维持生存的手段。在狩猎上，有单人行猎、双人行猎、集体围猎。猎人所用武器，主要是弓箭、棍棒。

行猎图中突出的一点是猎人必有所获。他们追捕的动物，每每带箭着伤，反映了作画者祈求收获的愿望。而放牧图一般布局比较匀称，并且动物排列有序，形状优美。

牧猎场景的代表作品是《围猎图》，位于碛口县托林沟的一块岩石上。画面上4个手持弓箭的猎人成扇形围住了一群野山羊，惊慌的山羊群朝一个方向奔逃，唯恐落单。画面气氛热烈而紧张，是先民真实狩猎生活的表现。

在遥远的古代，这样的岩画或许起着传授狩猎阵法的作用。

《双人猎》中，两个猎人拉满了弓，将箭射向一只长角羚羊。

长角羚羊被技艺高超的射手追捕，自然无法逃脱，飞出的箭正中其头部、胸口。

猎人们已经是胜券在握，只等着挣扎的羚羊耗尽体力倒下。这样的画面生动地表现了作者作画时的激动心情，它寄托了那个遥远年代里的人们对生活的无限企盼。

狩猎图中，还有些带着原始宗教意味的内容。在乌拉特中旗吉公海勒斯太的石壁画中有一匹浑身中箭的野马，密如雨点的箭头指向野马的各个部位，反映出在弓箭狩猎时期，一弓一箭很难射死野马的实际生活内容。

还有一类岩画是表现古代车辆的画面。车辆是山区重要的交通工具之一，在某种程度上能反映当时的生产水平。

阴山岩画中，反映车辆的画面也为数不少，在磴口县西北的一座小丘下，凿刻有一幅《车辆图》，很具代表性，车辆的结构尚可辨认，由辕、轮、舆、轴构成，两轮大小稍有不同，左轮辐条8根，右轮辐条9根，舆作圆形，两毂间贯以车轴，辕在舆底轴上。

联系其他画面，这车可能是用于载运猎物的，可见作画时期，山区车辆使用已相当普遍了。

再一类是描述战争的场面。古代部落间的战争，在历史上是很常见的，岩画中也多有所反映，阴山岩画的《战争图》也大多数都反映了某次重大的战役。

磴口县的格和撒拉沟有一幅《战争图》最为复杂，作品表现了部落之间的一场战争，画面用意明显，是在歌颂胜利的一方，这似乎是某一部落为了纪念某次战争胜利而特意制作的。

在乌斯太沟内还有一幅岩画，画面中"双辫长羽毛部落"和"光头部落"正在激战，前者挽弓搭箭，而后者却只持小腰刀。输的当然是"光头"一方，有的正在逃跑，有的身首分离，惨烈异常。整个画

面胜败对比鲜明，很可能也是某部落为纪念一次战争胜利而特意刻下的记功图。

同时，阴山岩画中反映舞蹈场面的，随处可以见到。舞蹈是游牧民族生活的一个重要组成部分，因此舞蹈对于他们来说，不只是一种娱乐活动，在很大程度上与巫术有关。

岩画中舞蹈的形式有单人舞、双人舞、集体舞蹈。磴口县西北部斯台沟岩画、乌拉特中旗的乌珠尔岩画都可以看见牧人的舞姿。他们在山色秀丽、风景优美的山沟中，在面向太阳的巨石上翩翩起舞。无论单人舞、双人舞还是集体舞，舞姿多是双臂高扬或双腿叉开。

他们或许是在庆功或是在举行某种宗教祭祀仪式，或许也只是牧人们沉醉于那里自然景色的美好，来表露自己的舒畅心情吧！

另外，反映生殖的岩画，在阴山岩画中曾多次出现。在科学不很发达的当时，人们对生殖的道理还没有完全了解，或者为了祈求部落昌盛、人丁兴旺，这种思想也很自然地表现在岩画中。

古老的年代有这样一种狩猎风俗，捕获到野物以后，猎人们一定欢呼雀跃，然后将猎物抬到石壁上留下一只蹄印，再由岩画艺术家加工成画，留作纪念。

也可能是某个猎手见到或猎获过一种动物，于是就在发现这种动物的地方刻下它的巨大蹄印，向其他猎手指示它的踪迹。

在磴口县西北默勒赫图沟的崖壁上，还有80余个人头组成的圣像岩画。

据推测，这些可能是同一个部落中受人尊敬的已故长者或部落英雄。它们寄托着人们的怀念，也向后人讲述着部落的历史。

此外，还有用西夏文、回鹘文、藏文、蒙文记载的《书法图》、描写祭祀场面的《祈祷图》、描绘日月形象的《天文图》等，阴山岩画丰富的内容犹如一部记载游牧先民生活的岩刻图书。

阴山岩画的艺术魅力，无疑是来自它的质朴。在那还没有文字记载的年月，它们是人们表达的重要方式，它们融入了游牧先民最真实的情感，书写了人类文明史的动人一页。

岩画具有独特的价值，它以美术的图解形式，将古代居民的世界观，形象而真实地展现了出来。阴山岩画的发现，将缺乏文献记载的我国古代游牧民族的历史状况，生动地展示在人们面前，在我国岩画史上独具风格。由于阴山岩画的题材广泛、内容十分丰富、文化内涵和底蕴又非常厚重。有的画面无法解读其中的秘密，也无法对岩画进行准确断代。

岩画的价值不仅仅体现在原始美术这一领域里，而且它融合了原

始文化的各个方面，是原始社会的大百科全书。它之所以被称为边缘交叉学科，是因为它包含民族史、民族学、民俗学、语言学、原始宗教史、艺术史、经济史、神话学、哲学、天文学、美术史等各种学科内容。

同时，阴山岩画以图画的形式承载着我国北方民族自强不息、百折不挠的精神，蕴含着中华民族特有的文化价值，体现着中华民族旺盛的生命力和不竭的创造力，凝聚着中华民族杰出的智慧，是弥足珍贵的文物资源，是连接民族感情的纽带。

在中外岩画史上，像阴山岩画如此数量庞大的岩画群是极为罕见的，的确堪称我们中华民族古代艺术宝库中的瑰宝。

知识点滴

从郦道元之后的若干世纪里，再没有人去关注报道过阴山的岩画。直至20世纪30年代末，中瑞西北科学考察团才发现了几幅岩画。对岩画的全面考察是从1976年开始的。

此后，每年都有许多专家、学者和游人到巴盟境内考察和参观，先后共发现岩画1万多幅，其中做过拍照和临摹的岩画有近千幅。

20世纪70年代末，内蒙古著名考古学家盖山林先生对阴山岩画进行了全面考察，前后历经10多年，拓描阴山岩画1500多幅，并于1986年出版了《阴山岩画》专著，系统全面地介绍了阴山岩画的内容和艺术成就。

2006年，阴山岩画作为新石器至青铜时代石刻，被国务院批准列入第六批全国重点文物保护单位名单。

内涵深厚的贺兰山岩画

　　贺兰山位于宁夏平原西北部，是宁夏回族自治区和内蒙古自治区的界山，也是古代农耕民族和游牧民族生存与生活的交界之地。早在新石器时代，这里就有人类的足迹。贺兰山东麓分布着大量的岩画，

堪称我国游牧民族的艺术画廊。

贺兰山在古代是匈奴、鲜卑、突厥、回鹘、吐蕃、党项等北方少数民族放牧游猎、生息繁衍的地方。在绵延250千米的贺兰山东麓，在南北长200多千米的贺兰山腹地，自北向南20多个山口内的悬崖峭壁上和山口外洪积扇的山地草原上，分布着数以万计的古代岩画作品。

古代的少数民族把他们生产生活的场景，凿刻在贺兰山的岩石上，来表现对美好生活的向往与追求，再现了他们当时的审美观、社会习俗和生活情趣。

原始先民锲而不舍地将史前游牧民族狩猎、放牧、祭祀、娱乐等生活场景，磨刻在亘古不变的岩石上，成为现代人回望过去的"刻在石头上的史诗"。

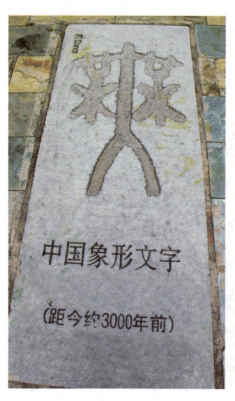

中国象形文字

（距今约3000年前）

贺兰山古代岩画记录了远古人类在3000年前至1万年前的生活场景，以及羊、牛、马、驼、虎、豹等多种动物图案和抽象符号，揭示了原始氏族部落自然崇拜、生殖崇拜、图腾崇拜、祖先崇拜的文化内涵，是研究我国人类文化史、宗教史、原始艺术史的文化宝库。

贺兰山岩画分布在贺兰山东麓3市9县共27个地点。其中银川市境内的贺兰山东麓共有12个岩画点，从北到南计有大西峰沟、小西峰沟、白虎沟、插旗口、贺兰口、苏

峪口、回回沟、拜寺口、水吉口、滚钟口、红旗沟、柳渠口。

银川境内贺兰山岩画的分布，有着明显的地貌特征，一般分布在沟口内外山体上和沟口外洪积扇荒漠草原上。依据岩画分布状况，可分为三种类型：山前草原岩画、山地岩画和沙漠丘陵岩画。

在苏峪口以北至大西峰沟，岩画多分布在沟口内外的山体上，山前洪积扇荒漠草原上也有大量岩画分布。而苏峪口以南至柳渠口，山体岩画数量很少，荒漠草原上几乎没有岩画分布。

在沟口内外山体上的岩画，多集中在距离沟谷山根以上约10米的范围内，并呈片状分布。

这里最高处的岩画不超过50米，再向上则很少有岩画发现；沟口内的岩画，纵深分布在500米的范围内，数量以沟口为最多，越深入沟谷，两侧山体上的岩画就越稀少。

在山前洪积扇荒漠草原上的岩画，有"大分散，小集中"的分布特点，多数磨刻在可以移动的独石和出露地表的立石上。从沟口到洪

积扇，岩画的空间布局明显地呈现出由密集到稀疏的扇状分布特征。

　　山前草原岩画主要分布于贺兰山北段的石嘴山区、惠农县境内；山地岩画主要分布贺兰山中北段，多凿刻于深山腹地的崖壁上；沙漠丘陵岩画主要分布于贺兰山南段卫宁北山。

　　石嘴山岩画具体又可以分为麦如井、黑石峁、韭菜沟几个小地区。麦如井岩画是贺兰山最北端的一个岩画点，一般画面较小，多为个体图案，组合的图案极少。画面以动物居多，也有个别的人物、植物或符号图案。岩画采用敲凿和划刻两种方法。

　　黑石峁岩画分布比较集中，主要采用敲凿法，少量为磨刻的图案，个别采用划刻法。

　　韭菜沟这一带的岩画中有虎的形象，形体强健，身体上饰有条纹装饰，由双钩刻线构图。另一种岩画内容是塔。

　　平罗县岩画具体可以分为龟头沟、白芨沟、大西峰沟几个地点。

龟头沟岩画多朝向西，并且保存得较差，相当一部分脱落或不清楚，基本上都用敲凿法，凿点大而深，图像粗糙而不规范，岩画内容以动物为主，也有个别人物图像。

白芨沟岩画的人物形象中有征战的乘骑者和狩猎的猎人；动物包括北山羊、蛇、狗等。

这里的岩画还表现了生殖崇拜和太阳崇拜的内容。另有些其他标识和符号。

大西峰沟岩画内容有人面像，人物和动物，岩画共有八个点。

贺兰县岩画具体可以分为小西峰沟、白头沟、插旗口、贺兰口、苏峪口及回回沟。

小西峰沟岩画内容以动物表现为主，制作手法多为凿刻法，也有个别的使用磨刻方法。

白头沟岩画分布在叉子渠渠口的北山坡的拐弯处，均面东南。凿

刻了羚羊、岩羊、北山羊、飞雀等动物，又有牧马图，其中的人物系有尾饰。

插旗口岩画内容有人面像、符号和动物。

苏峪口及回回沟岩画原有岩画200幅，但大部分岩画已被毁，现存的岩画仅有几十幅，以兀立山头巨大的《神牛图》最为著名。

青铜峡市岩画具体可以分为口子门沟、四眼井、芦沟湖、砂石梁、广武口子门沟砂石梁子山等地点。

口子门沟岩画内容以动物表现为主，制作手法为凿刻法。岩画主要散布在一座座山梁上，每一座山梁上的岩画数量都较少，而且比较分散。

四眼井岩画凿刻于贺兰山山体东侧的一道道崖壁和岩石上，每一岩画点的岩画相对比较密集。

芦沟湖岩画散布在沟两侧山崖上。砂石梁岩画石质为红色，作画于岩石自然平整处。广武口子门沟砂石梁子山岩画位于贺兰山余脉的内蒙古阿拉善左旗头道乡与青铜峡市广武乡的邻接处，凿刻着顶角的北山羊与狼，人骑、手印和脚印等。

中卫县地处黄河前套上首，西临腾格里沙漠。主要有苦井沟、大麦地、东沟、钻洞子沟、大通沟等地点。

苦井沟岩画分布极广，也比较密集。几乎每一条岩脉上都凿刻有岩画。它的制作绝大多数使用的是敲凿法。

大麦地岩画有1000多幅。题材以动物为主，反映了狩猎和放牧的生活特点，除此之外还有星辰、西夏文题刻等内容。

东沟山沟呈南北走向，俗名为中豁子口。岩画分东侧和西侧两个部分。

钻洞子沟岩画制作于山沟北侧的崖壁上面。内容包括羊群和马群，鹿和驼等动物；骑猎射猎的场面中有猎鹿和猎羊的情景，还有部落战争的场面；另有双人舞、符号和人面像等。

大通沟岩画有31组，凿刻着动物、人物与人面像或符号。

贺兰口岩画是贺兰山岩画中最主要的代表，内容丰富多彩。位于贺兰山中段的贺兰县金山乡境内，山势高峻，海拔1.45千米，俗称"豁子口"。山口景色幽雅，奇峰叠嶂，潺潺泉水从沟内流出，约有千余幅个体图形的岩画分布在沟谷两侧绵延600多米的山岩石壁上。

贺兰口岩画分布在沟谷两岸的断

崖石壁上，以沟口北崖向阳的岩画数量居多。岩画保存情况不一样，位于沟崖北侧的岩画保存明显好于南崖的崖面。

贺兰口是贺兰山岩画最为集中的一处，内容绝大多数是人面像，另有人物和马、羊、虎、牛、驴、鹿、鸟、狼等动物。岩画以敲凿法和磨刻法为主。

从画面的风格、题材和内容及剥落的情况看，贺兰口岩画的凿刻延续时间很长。画面艺术造型粗犷浑厚，构图朴实，姿态自然，写实性较强。

岩画中人首像画面简单、奇异，有的人首长着犄角，有的插着羽毛，有的戴尖形或圆顶帽。表现女性的岩画，有的戴着头饰，有的挽着发髻，风姿秀逸，再现了几千年前古代妇女对美的追求。

另外还有的人首像，大耳高鼻满脸生毛，有的口衔骨头，有的面部有条形纹或弧形纹。还有几幅似一个站立人形，双臂弯曲，两腿叉开，腰佩长刀，表现了图腾巫觋的造型形象。

岩画中动物图形构图粗犷，形象生动，栩栩如生。有奔跑的鹿，有双角突出的岩羊，有奔驰的骏马，有摇尾巴的狗，有飞鸟的图形和猛兽的形象，有部分人的手和太阳的画面，还有原始宗教活动场面。

根据岩画图形和西夏刻记分析，贺兰口岩画是不同时期先后刻制的，大部分是春秋战国时期的北方游牧民族所为，也有其他朝代和西夏时期的画像。刻制方法有凿刻和磨制两种：凿刻痕迹清晰，较浅；磨制法是先凿后磨，线条较粗深，凹槽光洁。

贺兰口岩画的题材、内容与表现手法都十分广泛，富有想象力，给人一种真实、亲切、肃穆和纯真的感受。众多岩画为我们了解和研究古代游牧民族的历史、文化、经济状况、风土人情提供了极为珍贵的文物资料，堪称一处珍贵的民族艺术画廊。

贺兰口曾经是史前人类做祭祀活动的场所，贺兰口沟口内成片的人面像岩画，应该就是史前人类祭祀的神灵，就像在欧洲也有人面像岩画存在的石壁，人们称它为"圣像壁"。

在这方圆不到1000平方米的沟谷两侧石壁上，集中分布有8处人面群像，而且每一处人面群像的构图风格、表现形式都不一样，人面的形象也不雷同，可能是不同氏族部落在不同时代制作的。因此，远古时代，贺兰口作为不同氏族部落的祭祀场所，可能存在了几千年。

贺兰口最有代表性的一幅岩画是《太阳神》。这幅太阳神岩画是贺兰山岩画中的精品，它磨刻在距地面40余米处的石壁上，头部有放射形线条，面部呈圆形，重环双眼，长有睫毛，炯炯有神，看上去很威武。这就是古代游牧民族心目中的"太阳神"。

在远古时代，人们把畜牧的丰收、水草的丰茂，都归功于苍天的恩赐；而年景不好，缺吃少穿，则被认为是上天对人类的惩罚。

太阳高居天体之上，主宰万物，所以人们特别信仰太阳，便把太阳人格化，刻画成岩画上的样子，表示对太阳的崇拜。

另一种可能，这是古代部落首领的头像，一些有功于氏族部落的首领也往往会被刻在石壁上，成为人们崇拜、祭祀的对象。

在这座山壁上，从上至下刻满了人面像，是贺兰口面积最大的"圣像壁"，有近60个人面像和30多个动物和符号，图形都十分清晰。其中有两个人面像面部轮廓线之内的五官构成一个人的形象，是生殖崇拜的产物。

远古人很崇拜生殖巫术，这是当时人们改造自然、祈求人类繁衍、动植物繁殖的需要。坎坷的人生经历，使他们意识到，冥冥之中有一种超自然的"力"在为难他们，这就是祖先的灵魂。

灵魂主要集中在头部，为了实现人口繁衍、动植物旺盛，他们不得不"迎合"和"抚慰"这个灵魂，人面像便成为灵魂的寄存之所，无穷无尽的生殖力便渊源于此。

在这幅人面像岩画旁边，还题刻有5个西夏文字，用汉字翻译是"能昌盛正法"，还有几个西夏文"佛"字和一个西夏文数字"五"。从刻痕上看，这些西夏文明显要比人面像晚很多年。

据分析可能是西夏时代在贺兰山游牧的党项人发现了这些稀奇古怪的人面像，把它们认为是佛的化身，希望可以弘扬佛法，并保佑他们永世昌盛。这是西夏人对岩画的一种诠释。

贺兰山岩画不仅见证了生活在这里的少数部族的原始崇拜、生活场景，也见证了贺兰山地区的人地关系演变。

贺兰山岩画是我国北方系岩画的重要内容，也是世界岩画的重要组成部分，以其时间跨度大、文化内涵深厚、表现形式丰富、分布区域集中、距离中心城市近而蜚声海内外，并以人面像岩画数量多且集中而在世界岩画中占有极其重要的地位。

1983年至1992年，宁夏文物考古部门曾先后对贺兰山岩画进行过两次普查。1993年，先后出版了《贺兰山岩画》和《贺兰山与北山岩画》。

贺兰山岩画发现不久，便在考古学界、艺术史学界、宗教史学界和民族史学界引起巨大轰动。1996年，贺兰山岩画被国务院公布为第三批全国重点文物保护单位。1997年，贺兰山岩画被联合国教科文组织国际岩画委员会列入非正式世界文化遗产名单。2002年，中外岩画专家召开"贺兰山岩画申报世界文化遗产研讨会"。贺兰山岩画申报"世界文化遗产"有着重要意义，它对进一步发展宁夏文化及旅游产业，起到积极推动作用。

知识点滴

分布范围广泛的青海岩画

青海地区幅员辽阔，山高水长，青海一直是多种文化交汇的地方。青海岩画便是这多种文化内容之一。青海共发现岩画15处，分别在海南、海西、海北和玉树等牧业区。

青海岩画的族属当是古代的吐蕃。岩画根据内容和时代可分成两类：动物岩画和宗教岩画。其中动物岩画的年代约在6世纪末7世纪初；宗教岩画最早可上溯至晚唐。

动物岩画以海西蒙古族藏族自治州天峻县江河乡的卢山岩画和格尔木市郭勒木得乡的野牛沟岩画为代表；宗教岩画以玉树藏

族自治州玉树县巴塘乡的勒巴沟岩画为代表。

勒巴沟藏语意为"美丽沟"。这里自然风光神奇迷人，沟口是历史文化古迹文成公主庙，沟内有10多处岩画，勒巴沟岩画主要以佛像、菩萨、香客、瑞兽等为主。

勒巴沟岩画位于玉树境内的通天河畔。沿着通天河畔的一条山径来到这里，会让人同时产生两种截然不同的情绪体验：通天河的喧嚣、壮阔和勒巴沟岩画的静谧、神圣。

勒巴沟岩画面江而凿，处于勒巴沟沟口。勒巴沟内葱郁的草木，也难以掩盖住由岩画和不可胜数、遍布沟内的嘛尼石刻散发出来的神秘气氛。

从沟口唐末释迦像到后世打制的嘛呢石，可以发现整个藏族宗教石刻的历史。

勒巴沟岩画共3个地点：

1号岩画画面镌有佛、菩萨、香客、瑞兽等。技法为阴线轮脚打击。佛为立像，低肉髻，身着通肩圆领大衣，右袒，衣服贴身。

菩萨均结跏趺坐。供养人的制作比佛小三分之二。这幅岩画带有浓郁的晚唐汉族佛教造像的风格。

2号岩画画面为佛教香客，发式为唐代侍女流行的双鬟抱面的抛家

髻。衣服为唐开元、天宝间流行的小翻领、对襟胡服。

这幅岩画的发现，对汉、藏历史上文化交流和唐蕃古道等方面的研究，弥足珍贵。

勒巴沟3号岩画为藏地制法，时代显然比1号晚得多。东、西石壁各一菩萨，结跏趺坐。头戴宝冠，身披璎珞。

西壁菩萨上方用阴线打制出一飞天，身着披巾、璎珞。披巾因风荡起，翩若惊鸿，不禁使人想起这样的诗句：

妙手轻回拂长袖，高歌浩翰发清商。

青海境内发现的岩画多以动物个体形象为主，只有玉树勒巴沟岩画散发出浓郁的宗教文化的神秘气氛，可以感受整个藏族宗教石刻的历史。

勒巴沟除了形态各异、栩栩如生的佛像、供养人像、香客，到处还可以看到《无量寿佛经》《般若经》《忏悔经》《行愿经》和《六字真言经》的石刻经文。这些精美的岩画带有浓厚的唐代汉族佛教造型艺术的风格。

卢山山丘位于江河右岸，海拔3.8千米，相对高度约40米。山丘南部地势开阔，水草丰美，岩画散布于南山坡上30多块花岗闪长岩上。单独的、不相连的有面的岩石，即为一区，共31区。卢山岩画有270幅个体形像，其中最大的为第一区，岩画约30平方米，画面约20平方米，上面有158个个体形象。最小的岩画仅数厘米，画面有一动物。

卢山岩画画面描绘的主要内容有动物、狩猎、战争、生殖及藏文字等。动物主要以牛、马、鹿、鹰、豹子、狗为主，牛最多，鹿次之。卢山岩画生动地反映了古老的柴达木文化，不仅有很高的艺术价

值，也有极高的学术意义。

　　凿画最早刻于魏晋至隋唐时期，下至吐蕃时期或晚唐时期。打制技法分为垂直打击法和阴线轮廓勾勒后加以磨光法两种。

　　另在卢山所在天峻县鲁芒沟内约4千米的东山根，也发现有3处不同形态的兽类岩画。整个场面以写实手法反映了高原动物群居生息的场面，作岩画时间在佛教盛行于当地的元明清代。

　　卢山岩画制作技法精致，绘制风格独特，表现内容广泛，画面上的动物神态灵活，生动逼真，有飞禽，有走兽，更多的是马牛羊等家畜。射猎图栩栩如生，活灵活现地刻画了古代先民的狩猎生活。

　　卢山岩画中的生殖图，采用象征手法，寓意深刻，是青海岩画中的珍品，其表现了刺激牲畜生产的巫术思维，也反映了吐蕃民族的文化观念。

　　动物以牛和鹿居多，牛的形态有被狩猎的牛和单独静态的牛，在制作中对小头、大角、肩胛从艺术上作了夸张处理，突出了长形尾巴。对鹿角作了大胆夸张，枝杈打凿得很精细。

狩猎画面4幅，有车猎、单人猎、围猎等3种方式。车猎为双辕位马，人立车上，引弓如月，箭射向车后的野牛。为了形象地表达射猎的意图，制作者将箭矢飞行的弧线也打凿出来。

战争画面有2幅，两人站立对身，腰悬箭囊，两矢相连。

卢山岩画尤其还有生殖画面一幅，男为侧身，女为正面，突出了生殖器的部位。

卢山岩画在内容上要比野牛沟岩画丰富一些，如生殖、战争等场面。制作技法也不相同。其时代稍晚于野牛沟岩画。

卢山岩画多为倾斜轮廓打击法，而野牛沟岩画则多为垂直通体打击。卢山的倾斜轮廓打击法往往施于与野牛沟相似的垂直通体打击法之上，即卢山岩画许多为两期加工。或许由于时代稍晚一些，故在制作技法、绘制风格上，卢山岩画都比野牛沟岩画要精致。

卢山岩画的生殖图形打制得非常精细，并且生动形象。画面虽然

有些漫漶不清，但其绘制意图却依然可以看得清楚。

野牛沟位于青海省海西格尔木市郭勒木得乡西北的昆仑山脚下，是一个峡谷地带。碧绿的野牛沟河不仅使野牛沟成为牧人们理想的牧场，同时也是野生动物的繁衍之地。

尽管由于野牛沟河水位下降，河流两岸的植被趋向沙化，但藏族先民们刻凿在石壁上的岩画则默默地告诉人们这里曾有过繁荣的历史。野牛沟为当地牧民的夏季草场，因为在沟内野牛成群而得名。岩画所处的四道沟山梁海拔东南至西北走向。约有200个个体形象。

牛的形象在野牛沟岩画中占很大的比例。除了少数处于被狩猎状态外，大多为单独的、静态的牛。

在藏传佛教寺院中，几乎所有的护法神都是以牛的形象出现。在玉树一带，许多嘛呢石堆和住户大门上方都置放一个绘有六字真言的牛头枯骨。

显然，牛在草原游牧部落中，除了经济诸因素外，还带有宗教神祇的意味。牛以岩画形式出现，显然是受了吐蕃王朝初期佛教传入的影响。

野牛沟岩画系用铁制工具打凿而成，多为垂直通体打击，野牛沟岩画中犏牛驾车的凸凿平面图形，这种凿刻方式在其他地区极为罕见。野牛沟岩画有藏传佛教的经文，也有反映早期居民生产、生活的，反映动植物的。岩画分布在约长100米、宽50米的地带内，是早期生活在这片土地上的先民生活画卷的生动、形象、真实再现，具有较高考古价值。

湖里木沟岩画位于海南州共和县切吉乡然乎村东的青海南山山底，创作时间是6至7世纪，时跨中原地区的唐、宋、元3个朝代，有可能延伸到近代。

湖里木沟岩画数量多，内容丰富，是青海岩画的典型代表。岩画表现内容广泛，包括动物、人物、狩猎、放牧、植物、舞蹈以及性爱等方面的内容。岩画上还出现了藏文的吉祥文字、藏族特有的吉祥结和藏传佛教的法器的符号。

岩刻散布在湖里木沟长约100米、宽约40米黄褐色的一座山坡的山梁上。一块黛色巨石，横卧在半山坡的枯草与石子中，几万年的栉风沐雨，使它变得光滑而圆润，岩石顶端一道裂缝却那么扎眼，它深深地嵌进了巨石身躯中。

刻在岩石上的一头野牛，低着头，高高扬起尾巴，像是喷着响鼻低吼着，它的前蹄仿佛就要刨起脚下尘土，就那么愤怒地与眼前敌人对峙着，高高耸起的肩胛骨显示着它的高傲与不可侵犯，而从那健壮的四肢，已然看到血脉在那一刻全然扩张。图边有岩刻羊、马等，同在一块草地上觅食，或在辽阔的草原上结伴同行。

岩画中还有鹿、蛇、狼、大角羊等野生动物的出现，勾画出一幅水草丰美，人与家畜和野生动物在一片蓝天下和睦相处的画面。

其中还有一幅舞蹈岩画，是众人手拉手舞蹈的场面，这与在大通和宗日发现的马家窑彩陶盆上的舞蹈场面非常相似，弥足珍贵。

岩画刻画在一排排高低起伏的细沙岩边上，这些岩画不是远古宗教的遗痕，更不是先民们浪漫的想象，而是一幅活生生的生活图景。

凡是游牧于柴达木的民族，不论西羌、吐谷浑，还是吐蕃、蒙古族，都曾在广阔的草原上留下了逐水草而牧的足印。

他们用灵巧的双手，简单的工具，在岩石上雕下了各种各样的图画，成为记载他们生产生活的宝贵文化遗产。

湖里木沟岩画是由利器雕琢于砂质岩面上的，雕痕最深达两毫米，由于这里独特的气候条件，岩画保持基本完好。

制作的方法是用钝器或花岗岩石块在比较平坦光滑的石头上雕刻，线条没有明显的凹陷。

由于石头和凿磨的线条都被氧化层所覆盖，它们之间的区别只是线条颜色深于石头，依稀可辨。

湖里木沟岩画有很高的学术意义，它弥补了游牧民族居无定所而造成的文物、文献史料不足的缺憾，丰富了中国古代文化宝库，并具有很高的艺术价值，是一个灿烂多彩的艺术画廊。

青海岩画最早是于20世纪70年代末在刚察县哈龙沟发现，并正式在《青海社会科学》上加以报道；嗣后于20世纪80年代初，由原青海考古队对哈龙沟岩画从考古学角度重新加以考察，并与海西都兰县巴哈默力沟发现的一处新的岩画地点一起加以报道，发表在《文物》杂志上。

1985年，成立青海岩画考察队，对青海地区的岩画进行全面的考察。后来于1997至1998年又进行岩画的直接断代研究，并又进行了一些零星地点的调查和补查。

经过十几年的调查与研究，青海岩画方面的成果显著。在国际岩画专门杂志上发表了10余篇有关青海岩画的调查与研究论文，国内学术刊物上近20篇。此外，世界岩画艺术委员会所出版的《世界岩画丛书》也已将《青海岩画》包括进去。

知识点滴

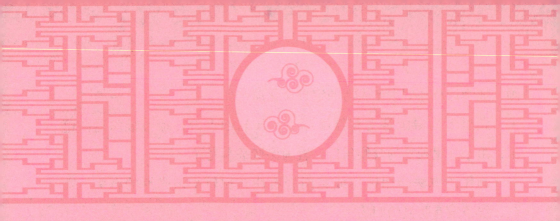

游牧生活写照的甘肃岩画

　　甘肃省位于古丝绸之路，这里简直是一座巨大的艺术博物馆，珍藏了古老的先民图腾祭祀，凿石刻画，所创造的灿烂岩画，以很强的具象性，反映了狩猎时代的一个横断面。

最为著名的是肃北蒙古族自治县的古代岩画和嘉峪关市的黑山岩画，人们统称为祁连山岩画。

肃北岩画主要分布在野马山北麓的大黑沟、野牛沟、灰湾子、七个驴、石包城灰山子一带，总计55组、300多幅。

其中以大黑沟最为丰富，内容大部分为射猎、放牧、练武、乘马、格斗等古代先民的生活场面，人物多戴阔边尖顶帽，身着束腰宽摆长袍。动物有梅花鹿、大角羊、野牛、大象、老虎、野骆驼等。

肃北县东南有一条长长的山沟，俗称大黑沟，沟坡500米长，表面陡峭，沟口的河岸两旁就分布着大量的岩刻画，已经发现的清晰可见的画面共有34组，图案190多幅。

这些岩画内容丰富多彩，有狩猎的画面、有放牧的景象、有练武的姿势、有骑马作战的场面等，其景观令人目不暇接。点缀图中的动物都是生活在当地的野生动物，除梅花鹿、大角羊、野牛和野骆驼外，还有令人毛骨悚然的老虎、大象等动物。

在岩刻画的旁边还发现了岩刻画刻制年代的隋唐"开皇"年号和一些人名题记，这些画面上的人物和动物的形象都是用某种工具敲凿出来的，没有发现刀刻的痕迹。

在肃北县盐池湾乡东南的山川地带，有个叫小阿尔格力太的地方，也发现了岩刻画面，这些画面分布于沟口两边的悬崖，共有画面9组，图像20余幅，其图像和绘制方法与大黑沟岩画类似，可见古代游牧民族中也是人才济济，他们在繁忙的劳动生产中努力寻求乐趣。

石包城乡东北的灰湾子，在沟口南也发现了两组岩刻画面，虽然这里画面少，但较其他地方所发现的要大得多，其中第一组画面高1.6米，宽3米，两组画面共有图像22幅。

在石包城乡东北七个驴沟的岩刻画共有5组画面，画像74幅，画面雄伟壮阔，有的画面高4米，宽3米，其中骆驼图像达94厘米。

石包城乡境内的两处岩刻画与其他地方的岩刻画都大同小异，主题也都是反映古代游牧民族的现实生活，可以想象到他们当时精湛的技艺、艰辛的付出是多么可贵。

著名的祁连山岩画《行猎图》大概作于春秋至汉代，是在石壁上敲凿出来的，高90厘米，宽170厘米。

此图场面较大，刻5个猎人攻击一头野牛。猎人手持弓箭长矛，步步逼近野牛，野牛身躯壮大，彪悍凶猛，颇有一场恶战在即的气氛。山羊和梅花鹿等惊恐万状，四处逃遁，而较远处的山羊和长角鹿，还在山涧林中悠闲吃草。

这种多角度的画面组织，显示了作者对生活的熟悉和形象思维能力，无疑是这一地区岩画中的重要作品。围猎者身着长袍，足穿长筒靴，头饰尖状物，可能是这一时期活动在祁连山一带的少数民族。

嘉峪关岩画，主要分布于长约10千米的黑山峡谷。黑山，古称洞庭山，是马鬃山系的一个小支脉。这里曾经是古丝绸之路的交通要道，峡内南北两山对峙，山势陡峭，怪石嶙峋。

黑山岩画就分布在绵延2千米的黑山峡两侧的峭壁上，古代先民在这里留下了153处岩画。凿刻技法虽极简单，但画境古朴，形象生动，粗犷有力，具有独特风格。

黑山岩画主要集中在四道鼓形沟、红柳沟、磨子沟、石关峡口等处，岩壁黑紫色，刻石较浅，手法古朴，风格粗犷，造型生动。画幅大小不一，画面有的一组由几层构成，有的则只是一人或一两个动物构成。黑山岩画形象生动、内容丰富，分人物和动物画像，其中动物有马、牛、羊、鸡、犬、鱼、鹿、虎、狼、蛇、龟、鹰、骆驼等多种。

而岩画所描绘的场面有舞蹈、狩猎、射雁、骑马、骑骆驼、虎逐牛羊、野牛相抵、狩猎、列队练武射箭等。其中狩猎分为单猎、围猎和群猎。

无论是与人们的日常生活密切相关的动物，还是在生活中常见的动物，都成为了当时人们笔下乐于表现并反复描述的对象。画面生动地反映了古代牧民对精神生活的强烈追求。

而画面所反映出的人们的各种活动场面，更是丰富多彩，其中既有游牧民族赶着家畜放牧的场面，又有农闲时节狩猎的活动；既有列队射箭练武的操练演习场面，又有竞相射雁的实战操作；既有自然界生存竞争中虎逐牛羊的惊险情景，又有动物们为了争夺统治权而进行的温和的角力场面，如野牛相抵的力感。

而人们平时骑着马或骆驼四处走动，高兴时则欢聚一堂翩然起舞，在狩猎季节，除了个人的捕猎行为，常常还聚集众多的部落成员，进行大规模的围捕猎物的活动，所有这些日常生产生活情景，都构成了岩画画面所表现的重要内容。

黑山岩画不仅内容丰富，还善于表现大型的场面。如人们的狩猎活动，除了表现一人用弓箭射杀山羊或麋鹿的单猎活动外，更多的是表现群猎和围猎的场面。

如在四道沟岩画的一幅围猎图中，许多徒步引弓的猎人，围住了几只野牛和长角鹿，这些牛和鹿体态硕健，扬尾抵角，作困兽犹斗状，于是除了猎人们赶快射箭之外，外围还有骑手引弓以待，防止突围，右侧还有人高声呼喊，呐喊助威。

在这一岩画群中，还有一幅大型的操练演武场景，堪称大型活动场面。整幅画面分为上、中、下三层，共有三十多人。

上层共有九人，其中两人横排列队而立，左起第二、三人一手叉腰，一手向前伸出，其余人均双手叉腰，似在观看操练，而队前一人，面前竖立着靶标，手持弓箭，似在练习射箭。右后方站立一人，远远地观望。

中间一层共有十二人，其中九人横排列队而立，他们一律都左手叉腰，右手握拳向前举起；右起第一人，手牵一犬而立；队前有两人，面前有靶状物，其中一人做练武动作；队伍左侧较远处有一人一手叉腰，似在远望。中间这一层的人物似乎在进行徒手进攻的练习。

下层共画有九人，其中六人横排列队，队前两人做练武动作，队后一人双手叉腰观看，这些人物形象大小不一、神情姿态各异，显示了丰富的表现力。

整幅图中人物的形象和衣着服饰具有鲜明的民族特色和浓郁的民族风情，人物头顶都竖立着高高的尖状饰物，衣着上有的长裙束腰，只露出双脚；有的身着短

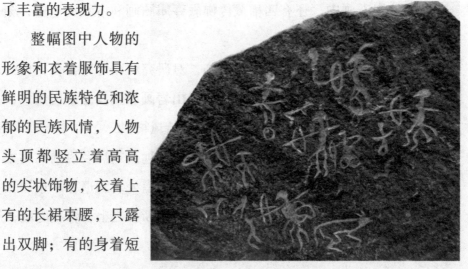

裙，显得灵巧轻便。

在另一些舞蹈场景中，热情的人们身着束腰长袍，头顶羽状饰物，叉腰扬臂，扭动身躯，或列队群舞，或单个独舞，富有生活情趣。所有这些画面，真实地反映了当时这一地区人们的生活情景。

石关峡岩石画中，还有四幅藏传佛教寺庙图画和古藏文遗迹，刻有佛像端坐于佛塔之中。

据考证，黑山岩画属羌族文化遗迹，对研究河西走廊古代羌族的社会生活与历史文化有很重要的价值。黑山岩画凿刻技法虽极简单，但画境古朴，形象生动，粗犷有力，具有独特风格。

吴家川岩画或称刘川岩画，位于甘肃省靖远县刘川乡境内的吴家川一带，原有南北两处，现仅存一处。吴家川南处岩画遗存，位居张家台子，岩画凿刻于两米余高的破裂巨石裂缝断面之上，保存隐蔽，不易发现。

图画面积较小，图形单一，个体为人骑马形象，线条简单，造型粗犷。由于石质表面剥蚀脱落严重，部分痕迹难以辨认。

北处岩画遗存位居陈家沟内，小地名谷子地沟。此地周围遍布裸露的红砂石岩丘，岩画刻于一座巨大的粗质山丘上部的红砂岩断面之上，自南向西分为两段，故而岩画有东壁、西壁两处。分布较集中。

东壁绘有羊、鹿、犬、马若干，鸟一只，这些动物有立者、行者、奔者，大小各异，方向不同。

其中大的一幅当为一头多角马鹿，此马鹿身材高挑，四腿修长，大小甚至超过近旁之马，足见刻画之人对马鹿之敬畏。马鹿周围遍及大角羊，其绝妙之处，即为一鸟居于羊角之上，与羊形影相随，此中意境，令观者无不遐想翩翩。

西壁上部刻有人马各七，除一人作指挥状外，余皆奔而相追，可能为马术比赛现场。西壁下部刻有一戴冠之人骑于马上，侧旁一人为之牵引。两人左右有犬、羊、鹿为伴，似为唱颂部落之富足。

西壁中缝东面亦有一岩画，刻有大角羊及犬各一对，双双对峙，一拼高下之势呼之欲出。

据史料记载，在秦以前，靖远为古代我国北方少数民族戎人、羌人所占据。刘川乡一带地处黄河以北，背山面河，地势平坦，远在两千年前，这里水泽充沛，草木繁茂，是游牧民族的理想游牧之地，吴家川岩画即

为那个历史时期人类游牧生活的真实写照。

在陈家沟，除了东壁、西壁岩画外，兀岩之处皆见残存画迹。均为人物、动物、植物、符号，内容丰富，造型奇特，笔触粗犷，技法老练。

其中，大角羊形象与天水市张家川县犬戎王大墓出土的青铜大角羊如出一辙，可见，吴家川岩画为西周至春秋时期戎族文化遗存。

甘肃省景泰县在历史上曾有羌戎、吐蕃、鞑靼、党项等民族在当地有过较长时间的栖居。他们的能工巧匠，在岩壁或较平整的石块上，凿刻了许多颇为生动的岩画，展示了6000年前的人类活动。

景泰曾是丝绸之路的必经之路，也是当时游牧民族从青藏高原通往蒙古高原的主要通道。历史上游牧民族长时间在这里生活，出现岩画是正常的。

景泰县正路乡彭家峡位于祁连山东部边缘，是一条南北走向的峡谷，河谷较宽，终年流淌着其他河道极其少见的河水。这里海拔2.1千米，山体陡峭，裸露的黑褐色玢岩石质坚硬，切面细腻平滑。

岩石被雨水淋透或被雾岚浸湿，就会发出黑油油的亮光。在这种岩石上绘制的岩画，图像分明，色调对比和谐，会给人留下过目难忘的印象。

彭家峡岩画坐东北向西南，最低处接近河床。岩画上的动物画法简洁，几乎达到了无法再简略的程度。景泰人把这些岩画上的动物一概叫作板凳羊，意思是说岩画里的羊就像板凳一样，只有四条腿一个面。其实这些动物很多是北山羊、岩羊和大角羊，大角羊也叫盘羊。

20多幅岩画自南向西弧形分布在面积约200平方米的零散石块上。岩画数量多而且形态各异，有北山羊、羚羊、岩羊、大角羊，还有猛兽和人物，还有大幅的难以认定具体表现了什么的抽象岩画。岩画个体形象逼真、栩栩如生，现场在群山之上、蓝天之下，规模宏大，场面壮观，撼人心魄。

经推断，这些岩画创作于6000年至7000年前。岩画中所体现的围猎、交媾、舞蹈、图腾等展示了当时游牧民族的生活场景。它是用一种写实的手法记录了当时人们的一种生活现状，把狩猎的情况用原始的手法雕刻在岩石上。

我们勤劳的古人，以硬器密集点琢手法凿刻出深浅、大小不等、粗拙简朴的画面，真实地记录了当时人们生活中的所见所闻和所期所得。景泰岩画中大多是羊、牛、鹿、虎、豹等动物图像，或单个或成群，最大的鹿身高60厘米，最小的山羊体长不及5厘米。在岩石平面，虽简为几笔或初具轮廓，却不呆板。

在一幅岩画上，一只体型硕大的猛兽被两个猎人前后堵截，周围的三条猎狗从中间部位扑向猛兽。就在猛兽即将扑倒前面猎人的一刹那，一个有明显男性特征的猎人把一柄长杆武器刺进了猛兽的脖子，后面的一个体形酷似女性的猎人也把一杆利器扎进了猛兽靠近臀部的背上。

如果这个猎手真的是一位女性的话，那么，这幅女人参与打猎的岩画就是非常稀有的珍品。

狗是狼经过长期的驯化，大约在中石器时代首先变成了家狗的。

这幅狩猎图中绘有帮助猎人猎杀猛兽的狗，却没有弓箭，依据狗出现在中石器时代的理论，证明景泰县的这一处岩画至少是新石器时代之前的作品。

已经发现的景泰岩画大多分布零散，画幅无论大小，几乎都在靠近河谷的岸边岩石上，而这处罕见的山顶岩画规模之大、数量之多、画幅之精之美，堪称甘肃之最。

其中有一幅岩画反映的是一个抽象的图腾图案，上面有一个圆心，形成一种浪花的感觉。这个地方正好处于沙河边缘上，有一眼泉水，证明过去在那个年代里面，这地方是水草比较茂盛的地带，这有一条河流。

在一块岩石的左上角，有一幅男女交媾图，表现了人的本能，也反映了远古草原上民族渴望繁衍生殖、增强对抗自然的原始崇拜。

岩画前面是开阔的河道，太阳只要出来每天都能照耀到这里。蠹

立在河岸上的岩画，似乎渗透着宗教观念，极有可能就是远古的一个祭祀场地，这些岩画或许就是祭祀场景的某种特殊符号。

人物岩画的出现，对这里是古人祭祀场所的猜想提供了有力的支持。岩画上有两个舞蹈状的人，一男一女，女的有尾饰。这是古代北方游牧人中最时尚的习俗，也是对动物的模仿。女人粗大的辫子漂亮地对称下垂，她的颈项细秀，腰肢纤柔，胳膊和手指夸张的修长，尽可能地伸展，双脚外撇，显得天真纯洁、婀娜有致。而这位男人，则显得健壮威猛，孔武有力。他们是在跳舞或是在祈祷。

在原始艺术中，舞蹈的功能大多是愉悦神灵、自我娱乐、欢庆狩猎成功。如果这里是祭祀场所，岩画上的男女双人舞大概是敬奉神灵的一种仪式。再一种可能是，这是一对巫师，他们在用舞蹈取悦至高无上的神灵，祈祷保佑他们的草原风调雨顺、部落繁盛兴旺。

在那个时代，并不是每一个猎人、牧人都能以高超的简约手法来进行岩画创作，尤其是这些写实形式的岩画。因此，这些画可能是受过某种训练的魔法师、巫师或者具有"沟通人神关系的特殊的神秘人物"创作的。

从岩画的痕迹来看，景泰岩画作画的方法主要有两种，其一是敲凿法，用硬器点琢成秘集微凹的阴刻状；其二为磨刻法，在坋岩上磨成沟纹状磨刻线条较粗，图形清晰，有的画面则为敲凿出轮廓后再进行的磨制。

从创作岩画的地点分析，这里是游牧民族在游猎放牧、祭祀祝福聚会之地，有山有水。景泰岩画在艺术技法上虽显粗劣，但有浓厚的北方游牧民族独特的风格和地方色彩，岩画中动物多，说明动物经常出没，见得多就刻画得多。

古代游牧民族岩刻画共同特点是：刻画在避风向阳的山坳的花岗岩和石灰岩上，多以凸刻和凹刻凿制，根据少数民族传统的生产和生活方式，可以猜测：在古代，游牧民族的生产和生活条件十分艰苦，牧场没有专门的房屋和畜圈，避风向阳的山坳可能就是他们的冬春牧场或畜圈所在地；人口相对集中，或是古代游牧民族集会的中心。

从岩刻画的图像中还发现，基本上都是人物、动物和植物，没有发现飞禽类，可能与古代作画民族的宗教信仰和风俗习惯有关。

在景泰县，还有一幅费解的大幅岩画，上面是一些圆圈。

景泰县博物馆馆长沈渭显认为：我们的先民都是一些游牧民，他们在闲暇时间利用光线在上面凿了这些画，可能都是与太阳有关。以我的理解，它就是太阳图。

画家阚传好认为：第一个圈圈上面有个小鸟，雏形。后面中间那个稍微大一点的是鸟的身子，两边有连带性的两个小圈，恰好是鸟的翅膀。后面是它身子，它两个翅膀，中间一个大的，两个圆的。大圆的后面加了个半弧形是它的尾巴。

甘肃省白银市美术家协会副主席苏云来说：按我的理解，原始图案往往代表的是水。但你发现没有，那个图案里面有个方块，里面画个田字。它似乎给人一种代表田地的感觉，这在彩陶文化里面有，它就表现的是土地文化，也就是田野文化，农耕文化就出现了。所以这里面就喻含着水浇灌了田野，然后崇拜。这种感觉是一种形式，各有各的看法。

争论的最后，油画家孟小为和国画家阚传好的说法得到了大家认同：这是一只鸟。

知识点滴

千里画廊的阿尔泰山岩画

　　阿尔泰山是我国北方重要山脉，也是亚洲中部的古老山系之一，阿尔泰是蒙古语，意为"金山"，因产金子而得名。

　　我国境内的阿尔泰山脉，属阿勒泰地区，在新疆的最北部，形状

似三角形，三角形的东边与蒙古交界，西边和俄罗斯接壤。它是新疆境内的富水地区，山间森林茂密，坡度平缓，湖泊棋布，草深林密，气候凉爽，这里自古以来就是优良的牧场。

　　在这座山的岩石上，有2000年至3000余年前的古代游牧民族留下的岩画。

　　从新疆维吾尔族自治区

吉木乃县、哈巴河县直至阿勒泰地区最东部的青河县，每处山上几乎都有岩画，因此被称为"阿勒泰山千里岩画长廊"。

阿尔泰山岩画是由一代代游牧民族不断补充而成的艺术巨作，分为岩刻和彩绘两种。内容多为狩猎、放牧、舞蹈、宗教活动及家畜和野生动物形象。

阿尔泰山区为早期游牧民族的文化类型，人类从远古时代起，就在这里狩猎，已发现的遗址可以推算至旧石器时代晚期。

在被誉为人间仙境的喀纳斯湖正南的一处牧羊山道上，造型古朴的动物和人的图像岩画绵延5千米，有近百幅之多；阿勒泰市多拉特山谷也密集有百幅以上的岩画，被称为"岩画走廊"；阿勒泰地区吉木乃县的阿乌尔山石岩壁上岩画分布也在5千米之上，是新疆面积最大的岩画群。

新疆境内的各大山系几乎都有内容丰富的岩画遗迹，从昆仑山到天山，再到阿尔泰山，由南向北岩画数量逐渐增多，又以阿尔泰山岩画数量分布最广。

阿尔泰山的这些岩画分布在冬季牧场、中低山区以及转场牧道上，高山草原的山岩上只有零星发现，这是由游牧民族逐水草而居的特点决定的。

阿尔泰山北坡海拔1.4千米以下的低山地带处在逆温层中，这里气温略高，有利于牲畜越冬。牧民深秋至此，仲春以后转移。

这一地带成为牧民生活中最主要的留居地，婚姻嫁娶、休憩娱乐、宗教祭祀等活动往往都在这一时期举行，与宗教祭祀关系密切的岩画也多在这些区域完成。

阿尔泰山岩画的分布，从地貌上看，主要见于高山牧场，而中低山区以及它们之间的转场牧道上，在部分河谷地带亦有所见。因为这些地方是牧民们一年中居住时间较长的地点，以及四季转移草场时的必经之路。

岩画多凿刻在青褐或黑褐色的岩石上，如平整而硬度较大的黑砂

岩、花岗岩和板岩等，方向大都朝东向阳。

据说，朝东向阳的黑石是古代游牧民族一种原始崇拜的对象。凿刻的方法，主要是粗线条的阴刻，或以线条勾画出画面的轮廓，再进行平凿磨研。

阿尔泰山岩画分布较为集中的有位于阿勒泰市西南的切木尔切克乡"玉依塔斯"岩画群，这里有一幅岩画长15米，高2米，为阿尔泰山在我国境内中最大的一幅。

位于阿勒泰市正南的汗德尕特蒙古民族乡的雀尔海和多拉特沟岩画也十分出色，内容多为狩猎、征战、舞蹈、放牧活动以及虎、狼、狗、牛、马、驼、鹿等动物形象。

距阿勒泰市22千米的草尔黑岩画，分布在汗德尕特河西岸裸露的岩石上，海拔高度880米，岩画散凿在200平方米范围的岩石上，有10余幅。

草尔黑岩画制作以平铺敲凿为主，内容表现动物居多，包括鹿类、食肉类、羊类和马。此外还有代表性的人物画面：其中一组由6人和一只野山羊构成，呈上下排列，表现出一种平衡状；另外一组也由6人横向排列，作舞蹈状，构图很是新颖。

位于克兰河西面驼峰附近的骆驼峰岩画，海拔1千米，分布面积约8000平方米，有20余幅。图像中除常见的动物外，还有狐狸和一些符号图案，在整个画面中又穿插着拉弓射箭的人物，形成射猎场面。

奥克孜拜克、杜拉特岩画，地处阿尔泰山系低山带，分布于奥古孜拜克、杜拉特古孜道间的数条小沟中，在城区阿尔泰山岩画长廊东南16千米，海拔1千米，岩画分布面积达11000平方米，有近百幅之多，为阿勒泰地区少有的岩画群之一。

奥克孜拜克、杜拉特岩画在构图中，有的似同类动物成排，对峙呈上下交错布局，有的将食肉类或食草类动物同凿一石，形成追逐、

撕咬等场面，有的将动物同人类放在一起，形成一幅远古先民放牧、狩猎的生活画面。

这几处较典型的岩画在构图形式上灵活多样，画面形象自然，有生活气息，属于现实主义的作品，在表现手法上也有它独到之处，这些古代先民善于运用夸张和对比来弥补绘画技巧上的不足，以期达到艺术的效果。

此外，在哈巴河县、吉木乃县和富蕴县也发现一些颜色制作的岩画，数量不多，主要在浅洞穴中，颜色有红、黑、白等。

阿尔泰山岩画创作于不同的时代。早期的作品，可能出自先秦时期塞种人之手，晚期则为唐代以后的突厥、契丹等族人民所作。

阿勒泰的岩画，构成一条1000多千米的艺术画廊，其规模之大、内容之丰富都是世上罕见的：或表现古代的狩猎和游牧生活、或描绘久远的群婚制的情景，或追忆部落间的争夺、或刻画劳动后的欢乐。

种种画面描绘了大量的不为文献所记载的我国阿尔泰山地区古代的自然和历史，为了解和研究我国各族人民开发阿尔泰山及其周围地区的进程，提供了丰富的形象性资料。

同时，岩画中留下的图形，如单峰骆驼、大象等，这些动物早已从阿尔泰地区消失了，所以这些岩画形象的出现，就成为阿尔泰地区以及我国西北部草原生态变迁的珍贵资料。

阿尔泰山岩画有很多十分优秀的作品，其中有一些非常富有代表性。《唐巴拉塔斯狩猎图》位于阿尔泰山东段南麓、富蕴县喀拉布勒根乡唐巴拉塔斯村，海拔1千米的半山腰一岩洞内，洞壁上赭绘了一幅祭祀狩猎图。

《唐巴拉塔斯狩猎图》赭绘猎人两个、野骆驼一头、野马一匹、男女舞蹈者30人、脚印一个、印记一个。两个猎人一个赭绘于洞前右壁拐弯处，一个赭绘于洞的右壁稍前处。右壁稍前处的猎人为一女性，她有三根角饰，手持弓箭，身躯呈三角形，两脚叉开。女猎人左

面有一头野骆驼和一匹野马。

洞前右壁拐弯处的猎人为男性，他头戴尖顶帽，手持弓箭，两脚叉开，正挽弓搭箭瞄准前方。此人有尾饰，身躯直桶形。

男女舞蹈者主要分成4组，洞窟正壁有2组：

第一组位于洞窟正壁左面，五人形成环形。个个都有尾饰，两手均左右向下斜伸，双脚叉开。这五个人步调一致，动作整齐划一。

第二组位于洞窟正壁中间，四人一组，分上、下两排，其舞蹈动作和第一组基本相同。只是这四人均无尾饰。

除第一组右下方一人外，两组舞蹈者似乎都戴有尖顶帽，都在严肃认真地跳。这极可能是信奉萨满教的原始民族在狩猎出发前举行的巫术祈祷仪式。

在第二组下排舞蹈者的左面还有一个脚印，这种脚印在原始社会是常见之物，与神话传说履足迹而孕有关，其内涵表现出生殖崇拜。

在洞窟正壁的右面，有一个饰双角的舞蹈者，两腿叉开，左臂下斜，右臂平伸，臂上直立三根棒状物。这个装饰特别的人正是主持狩猎前后进行宗教仪式的巫师。

第三组舞蹈者位于洞窟右壁，分上、中、下三排，共十四人。上排六人、中排三人、下排五人。上排和下排共十一人头上都有三根角饰。女人下身好像穿有裙子，身躯赭绘成正三角形。

由此可知，上排左面第一个是女人，第二个是男人，依此循序为一男一女相间排列，然后男女两臂舒展，以手相连，叉开两脚，舞姿非常优美。

其中左面两人的舞蹈动作均作两臂平伸、双脚叉开状。右面一人则是两脚叉开、双手斜向上举，与上、下两排舞蹈者手拉着手连在一

起跳舞不同，而是各自放开手脚尽情欢跳。

第四组舞蹈者位于洞窟入口拐弯及右壁前部。在洞窟入口靠右拐弯处赭绘有三人、靠里面的两个人头饰双角，两脚叉开，双手向上斜举，欢呼雀跃。

洞窟右壁前部那个手持弓箭的男猎人的左面有两个人也在翩翩起舞。其靠里面的一个人双手斜向上举，两脚叉开；此人与男猎人之间那个有尾饰的人，也是一手向下、一手稍举，舞步轻轻、动作优美。

第四组舞蹈者与两个男女猎人和一峰野骆驼、一匹野马所形成的画面，反映的是围猎者归来收获甚富，围绕着猎获物跳啊、唱啊的喜庆场面。这幅描绘祭祀狩猎前后场面的巨幅作品，真实地再现了信奉萨满教的原始民族在集体狩猎出行前和狩猎载物归来后所举行的宗教仪式。

在喀拉布勒根乡唐巴勒塔斯一块岩石上，凿刻着一幅情深意切的牧归图，称为"唐巴勒塔斯牧归图"。"唐巴拉塔斯"或"唐巴勒塔斯"在哈萨克语意为石头章子，或有文字的石头。

牧归图画面左方是一个头戴尖顶帽的骑马人，有一条小狗迎着他跑过来；小狗上方有一只飞禽，飞禽左方绘有两个符号；小狗的右方是一个戴尖顶帽、穿长袍、着长筒靴的人；此人的上方也有一只飞鸟。这幅作品描绘的是家人迎接放牧者归来的情景。画面布局合理，构思巧妙。充分表达了草原牧民殷切盼望亲人早日放牧归来、全家团聚的心情。

《徐云恰耳狩猎放牧图》位于杜热乡徐云恰耳海拔890米处。

"狩猎图"有一幅，凿刻着一个猎人和两只大角羊。猎人位于画面右方，头戴尖顶帽，有尾饰，右腿前弓、左腿后蹬、挽弓搭箭，正瞄准前面领头的一只大角羊。这幅作品反映的情况是：即便是古代狩猎，猎人也是选择肥大的野兽为目标。作品构图简单，却主题明确。

"放牧图"有两幅：凿刻着一个骑马牧人和五只北山羊。骑马牧人位于画面右下方。画面上虽然只刻绘了五只羊，但代表的是一大群羊。俗话说：三五成群，三只羊可以代表一群羊，那么五只羊自然可以代表一大群羊了。

这幅作品描绘的是：一个牧人骑着马赶着羊群到牧场去放牧，半道上羊群分了家，一伙羊跟着领头羊继续走，少数羊跟着另一只大角羊往另一个方向跑。

牧人发现情况不对，立即策马迂回到羊群的后面进行吆赶，此时一只跟错了队伍的大角羊听到牧人的吆喝声，似乎迷失了方向，掉头就往相反的方向走，岂不知还是不对。牧人张开双臂，上下挥动，让它拐回。此情此景，形象十分生动。

在另一块岩石上，凿刻着三个骑马牧人、一头牛、两只鹿、四匹马、八只北山羊、一只犬及男女生殖器各一个。三个骑马牧人骑了两匹马，其中有一匹马是骑了两人。一匹马骑一大一小两个人，这在草原上是常见现象。

这是一幅牛、马、羊、鹿混合放牧图。画面上牛、马、羊、鹿各具神态，有低头吃草的、有抬头远眺的；有往西行的、有往东走的，形象地表现出草原上水草肥美、牲畜兴旺、牧民安居乐业、一派祥和的景象。

男女生殖器在岩画中的出现，说明这幅岩画大约创作于母系氏族社会向父系氏族社会的过渡时期，年代当在3500年以上。其历史价值、艺术价值都是不言而喻的。

《迦肯村牧犬看羊图》在杜热乡迦肯村的一岩石上，画面凿刻着一条牧犬和两只北山羊。这幅作品反映的情况是：在牧区，通常情况下如果羊群不大，牧犬就可以代替牧人看护羊群。即使有狼骚扰，凶猛的犬也能对付得了。这幅《牧犬看羊图》刻绘的形象非常逼真，牧犬翘着尾巴、舒展着四条腿，爬卧在地上看护着，两只北山羊亲热地一前一后站在牧犬的身旁，它们彼此用目

光交流着感情。画面虽然动物不多，但显得十分干净洗练。

《博塔毛音围猎放牧图》位于富蕴县的喀拉通克乡博塔毛音。"围猎图"凿刻在岩石上。图上共凿刻了九个骑马人、一个徒步猎人、一个有尾饰的裸体男子、一只猎犬、两只鹿、一匹马、一头大骆驼、三十多只大角羊和一只狼。在画面的中间还有一只形象突出的大骆驼。

画面可以分为左右两部分，从偌大的围猎场面来看，这是一次有计划、有组织的集体围猎行动，行动前首先选择好围猎地点，确定好围猎时间。

围猎开始后，临场有指挥，每个狩猎者既有具体分工，又要相互合作。当一群野羊和野鹿、野骆驼等野兽聚集在一起吃草、歇息、共享大自然所赐给它们的幸福时，一伙围猎者突然出现，并且迅速从四面八方围拢过来，一下子打破了草原上以往的平静。

野兽群顿时大乱，东南西北，到处乱窜。徒步进入兽群携带弓箭的猎人则显得不慌不忙，用箭杆挑着弓放在肩头上，小跑的样子往东赶。骑马的猎人则从不同方向把野兽往一起撵，包围圈越来越小。

一只大灰狼不知什么时候钻进了野羊群，还未来得及下手，就被呼啸而至的骑马猎人吓跑了。有6位骑马猎人将一头大骆驼围在中间，其中被裹进来的羊、鹿也吓得不知所措。

在兽群的西面，不仅有骑马猎人，还有一只猎犬把企图逃跑的羊、鹿仍然往包围圈里赶。东面远处一骑马猎人正弯腰曲背、张开双臂，竭尽全力把逃散了的羊、马往包围圈里撵。

那位后有尾饰的裸体男子也是挥动着双臂把野山羊往包围圈里赶。整个画面是一幅人与兽、生与死的大搏斗场面。

"放牧图"凿刻在岩石上，一个骑马牧人后跟一只牧犬，驱赶着一只大鹿。大鹿单角、上分四叉。虽然画面上只刻绘了一只鹿，但作品表明的是牧人与牧犬驱赶的是一群鹿，故画面上的鹿凿刻得特别大，与牧人骑的马和所带的牧犬形成巨大的反差。

从绘画艺术的角度讲，这是一幅看似纪实、实为写意的作品。同时，这幅作品还揭示出：在很早以前，或者说在原始社会时期，人们就把野鹿驯化成了家鹿。

《多阿特沟放牧图》共有放牧图3幅，在阿勒泰市汉达尕特乡多阿特沟一座山崖顶上，东面向阳。

其中一幅图中共有骑牛牧童一个、鹿两只、牛两头、马三匹、十多只北山羊。

画面左侧刻有一只远离畜群、头部朝下的鹿，表示此鹿可能已经死亡。画面右下角刻有一只小羊正拱在母羊肚下吃奶。由于岩石破碎，小羊羔仅存上半身。骑牛牧童位于画面右边第一排羊群中间。

此幅作品描绘的，是畜群在草原上吃饱以后集体休息的场面，虽然是小马跟着大马、小羊随着大羊、公牛伴着母牛，但整个畜群还是排列成行在一起的。画面左边中间就有一匹小马静卧在一匹大公马的身边。此幅岩画系敲打加磨制而成，部分画面已被很厚的黄色石苔覆盖，其创作年代比较久远。

另外，在一块岩石上，凿刻着牛、羊、狗、驴、象、人物等。它们或伫立不动，或迈着稳健的步伐朝前行走。

画面右下方刻绘一人，正双腿叉开、两臂平伸作吆喝畜群状。最令人惊奇的是画面上有一头小象，它卷扬着长鼻，摇晃着肥硕的身躯，迈着蹒跚的步伐，形象十分逼真。

这是在阿尔泰山系以至全新疆地区都属于首次发现的大象岩画。

它的发现对研究远古时期的阿勒泰地区的地貌特征、气候条件、生态环境、动物群构成抑或历史某一时期的文化面貌及社会生活都有重大价值。

在多阿特沟有一幅岩画，画面上凿刻了一个骑驼牧人、一个骑马牧人、两位斗士、十多只北山羊。

岩画上的两位斗士刻于画面上方，左面斗士右手叉腰，左手抓住对方右肩，两脚前后叉开，侧身而立；臀部后横悬一根棒状物。

而右面的那个斗士左脚在前、右脚稍后、右手抓住藏在身后的棒柄，左手握住棒的中间，也是侧身而立，与对方毫不示弱。斗士双方都列出一副一决高下的架势。

很明显，两斗士一个代表骑驼牧人一方，一个代表骑马牧人一方，他们是为争夺牧场而决斗。画面为敲打磨制而成，其年代甚为古老，作品反映了阿尔泰草原当时兴旺发达的畜牧业景象。

《杜拉特沟狩猎放牧图》位于阿勒泰市康布铁堡乡杜拉特沟，其中有"狩猎图"一幅凿刻着一个步猎者及大小三只北山羊。

步猎者位于画面的左下方，正瞄射前面的一只山羊。位于猎人右

上方的一大一小两只山羊，见状后吓得不知所措，只好原地不动呆立着。"放牧图"共三幅：

第一幅凿刻着一个牧人、一头牛、三只北山羊。这幅作品描绘的是：一个牧人赶着牛羊去放牧，牛走得比较快，一只小羊羔大概是走不动了，就一屁股蹲在地上不走了。另一只小北山羊也站在那里观望，牧人伸开左臂，举起右手吆喝它们快走。画面把人的动作和小羊羔的姿态刻画得惟妙惟肖。

第二幅凿刻着一个牧童、七只山羊、两只恶狼。这幅作品描绘的情景是：一个牧童正赶着一群山羊去放牧，半道上两只大狼窜进了羊群，羊群顿时大乱起来。多数羊一个劲地往前奔。

跑在前面的一只狼已经咬住了一只小山羊的尾部，另一只尾随在羊群后面的狼也准备选择一只大山羊为捕食对象。

而此时的牧童却被吓得呆在了那里，只好两脚平站，双臂斜垂，无可奈何地站在那里观望。一只大山羊躲在牧童的身后朝尾随羊群的那只狼观望。

这幅作品揭示的是，在狼群危害严重的草原上，由儿童放牧是十分危险的，一旦遇到狼群来袭的情况，牧童是没有丝毫办法的。

第三幅凿刻着六个牧人、五十多只山羊、七只鹿、一条牧犬。这是一幅场面宏大的羊、鹿混合放牧图，牧群以羊为主，鹿随其中。

五十多只山羊和七只鹿身躯、姿态各不相同，它们多数向东走，少数向西行；有的在吃草，有的在观望；有的嘴对嘴、有的尾对尾；有的小羊爬到大羊背上，有的羊正向鹿挑衅。

六个牧人右面和上面还各有一人，正张开双臂、叉开两腿吆喝羊群和鹿群，阻止羊、鹿跑到牧圈以外。右上角有尾饰的人也正在吆喝赶跑出牧圈的羊只。

牧群中位于上面的一人则双手叉腰、迈出右脚和一只山羊逗趣。其下一人则双手斜垂、两脚站立，吆喝羊群边走边吃。左面一人则右手抓住羊角，双膝跪在羊背上取乐。

知识点滴

关于我国阿尔泰地区的岩画，过去除了点滴的报道之外，基本上无人问津。1965年，新疆社会科学院考古研究所，曾在该地区进行考古调查，发现了大量的古岩画遗迹。

后来当地的考古工作者又经过了几年的努力，对东起青河县，西止哈巴河县和吉木乃县，在分布于阿尔泰地区7县市、18个乡的幽深山谷中的岩画，进行了实地考察，共发现了数十个岩画点。

新疆草原文化研究专家经过多方考证认为：阿尔泰山岩画内容之丰富、数量之多堪称中国之最，甚至在整个欧亚草原都非常醒目，是极具研究价值的岩画宝库。

南系岩画

　　南系岩画在福建、广西、云南、四川、贵州等省、自治区均有发现。其中云南沧源岩画在阿佤山区，靠近中缅边境。

　　岩画内容丰富，能表现出人们各种生产生活的活动场面。广西左江流域已发现80余处岩画点，其中宁明县花山崖壁画，画面宽约221米，高约40米，为国内规模最大岩画。

　　我国西南地区的岩画，主要分布在云南省，表现内容主要是宗教活动，作品技法以红色涂画为主。

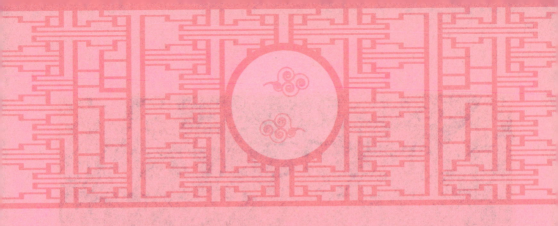

佤族历史画卷的沧源岩画

沧源岩画是位于云南省沧源佤族自治县勐省、勐来乡境内的一处古老的文化遗址，是我国最古老的崖画之一，先后发现崖画地点11处，一般绘制在垂直的石灰岩崖面上。

　　沧源是一个多山的地方，这里森林茂密，珍禽异兽活跃其中，每年5月至9月，充沛的雨水滋养万物生长，优越的自然条件，使这里成为自古以来各民族繁衍生息的家园。

　　沧源岩画是用赤铁矿粉与动物血调合成颜料绘制在石灰岩崖面上，可辨认的图像有1000多个，包括人物、动物、树木、太阳等，多为狩猎和采集场面，也有舞蹈、战争等内容。

　　沧源岩画具有3000多年的历史，采用剪影式轮廓画法描绘人物，不仅绘制技法简单、粗率，而且造型稚拙、古朴。

　　沧源岩画共发现15个点，全都分布在海拔1.2千米至2千米之间的山上。其中，第一、第二、第六、第七等岩画点，画面内容较为丰富，也更具代表性。

　　沧源岩画内容极为复杂，以人像居多，人物似为裸体，男多女少，部分有头饰、尾饰。次为动物图像以及太阳、树木、手印、舟船、洞穴、道路等。描绘场面有房屋、村落、舞蹈、归家、娱乐、斗象、杂耍、战争、祭祀、狩猎、放牧、舂米等。

据推测，沧源岩画绘画使用的工具多为树枝、竹片、手指、石头等。岩画的1000多个图形中有人物785个，动物187个，房屋25座，道路3条，各种表意符号35个。

这些图像，从不同的侧面描绘了原始生活的场景，连缀起来，就可以作为一幅原始社会的历史画卷。图像显示，先民们的劳动，主要从事狩猎、畜牧、采集。他们张弓搭箭、持棒甩石，猎取野兽，包括猴、牛、猪、羊等。

他们把捕获的一些动物加以驯养，以备日常的需要，骑牛、牵牛、赶猪、养狗、围象的图画频频出现，尤以牵牛的图像较多。看来，当时驯养畜类已经开始。

同时，先民们还从事采摘野果的劳动，低处举手采摘，高处叠立摘取。更加直接地表现了农业生产活动的场面。

岩画的人物图像，身体部分多画成较为单一的三角形，面部没有绘制五官，四肢部分变化较多，通过双臂、双足的多种动态，表示人在做何种事情。

身上也未绘衣、裤之类，唯头上有一些装饰，有的头部扮成鸟

形，有的成羽状，有的饰以枝条、穗状物；有的翎状头饰，长几乎与人身相当；少数腰部有裙状物。看来，当时的穿衣问题尚未解决。

至于先民们的住房，则有三种：岩洞、巢居、干栏式的简陋房屋，并开始有村落。

岩画中还有一些娱乐活动的场面。如用树藤串上枝叶作为"道具"起舞；大人头顶叠立小人走动、头顶羽状长竿、手提花簇的杂耍，手舞流星般的甩石的活动，头戴牛角、臂插角刺的单人、双人舞蹈，甚至有五人围成一圈扬手起舞的生动图景。

还有几个特殊的图画：在光芒四射的太阳图像中立有一人，称之为"太阳人"，它反映出原始社会人们对太阳的崇拜。

另一幅图像：一头牛拴在木桩上，牛后有数十个戴有角、尾头饰的人物，右侧有人执武器，还有人于左侧列队起舞，其中有一个头戴牛角的巨人在月亮下跳舞，从形象和位置的特殊看，此人似巫师或族

长。似乎这是最早的剽牛祭祀活动。从这些图像中，可窥见原始宗教的若干影子。

在佤族，流传着一个创世纪神话：在人类远古的洪荒时代，只剩下一个佤族女人漂泊到司岗里的高峰上幸存下来。这个女人受精于日月，生下一男一女。

一天，阿妈正坐在岩石上采用天上的彩云织布，突然一头牛跑来报信，说她的儿女双双掉进海里去了。那时候司岗里群山的周围是苍茫的大海。

阿妈焦急万分，就请牛去救。牛会凫水，下到海里把兄妹俩托在脖子上送到了岸边。阿妈感激不尽，便立下规矩，把牛作为佤族永远的崇拜……

沧源岩画出现后，当地佤族人民视为神画。每当春节时，有人常去祭献。

相传，还有人将岩画的图案织在布上，且十分逼真，平时保存在头人家，到春节时才挂出来。勐来岩画点背后那座高山，叫"农格罗"，即木鼓林之意。在古时候，佤族祖先在那座山里放着木鼓祭谷神。

沧源岩画大概有十几个集中地点，其中几个点的画面内容较为丰富，更具代表性。

勐乃乡东北点郁郁葱葱的山上，一块灰黄色的崖壁醒目地突起，就是第一岩画点。

在这儿附近居住的傣族和佤族都认为，崖壁上住着可以赐福人的仙人，因此每逢过年他们都会从村寨赶来祭祀，遇到生病或者什么困难，也会到这里来拜求仙人寻找解救之法。30米长的崖壁上，岩画在眼前蔓延开去，崖画的绘画手法像是一种剪影，简单却特点鲜明。

有一处画面上数十只猴子排成一列，在崎岖不平的山路上行进，

向上爬的猴子尾巴下垂，下坡的猴子则长尾上翘，当地人都知道，猴群爬山的情形也的确如此。

猴群之下，是众多的牛的图案，扁长的牛角一看便知是水牛，它们有的被人骑在背上，有的被人牵着，有的被张满弩的人瞄准，有的两两相对，做出格斗的架势。

在牛图像的右边，呈现出一系列丰富的杂技表演：顶杆、弄丸、双人叠立，热闹非凡。画幅的最下面是人们持弩猎象、猎豹的场景。

第二岩画点位于丁来大寨通往曼坎的路旁，这里最著名的是一幅规模宏大的《村落图》。

干栏式房屋围绕而成的村落井然有序，村子中间的空地上，矗立着两座大型房屋，像是公共集会地或是部落首领的居所。村子外边，肩扛长兵器的战士排着队伍凯旋。旁边的小路上，人们带着各种牲畜赶往村子，那是这次战争的战利品。

从曼坎前往勐省一路上，是苍翠的阿佤山，甘蔗成林，茂密的云南松像一顶顶绿色的草帽扣在一个个山头上，佤族的村寨包围在大青树和巨龙竹之中。不远处的绿荫之中，又是一处灰黄的峭壁，那就是第六岩画点了。

第六岩画点最多的是各种人物图像，这些人物都格外爱美。他们的肘部、膝部、头上都装饰上羽毛，有的还身披羽衣，张开双臂就如同飞鸟展翅，人称"鸟形人"，华丽异常。

这些人大都是舞者和巫师的装扮，更多的人物则头戴兽角、兽牙，耳朵上挂着如后来佤族妇女佩戴的大大的银制圆饼耳环。人物四肢的描画也不再简单地用直线表示，而是绘出了人的自然曲线，从而显得肌肉发达，强壮健美。

第六岩画点有一幅描写战争的《庆功舞蹈图》，格外引人注目。画面上有七个战士，全都是一手持盾，一手持棍，两臂张开，双腿下蹲，正随着前面一个高大的领舞者跳舞。七个战士后面还有五人叉着双手并排舞蹈。

一些伴舞者在主舞者周围高举手臂，其中两个露出女性乳房和生殖器官。整个舞蹈场面气势恢宏，令人看后仿佛听到那神圣的木鼓雄浑激昂的"咚咚"声，战士正伴随着鼓点有节奏地摆动着。

描写放牧生活的《牧牛图》中，一个人费力地拉着一头牛爬坡，后面跟着牛群。

这种放牧法颇像云南少数民族的"野放法"：即将牛羊牲畜放于山上，任其在野外生长、繁殖。因为放得太久，牧人们想要拉回祭祀或屠宰时，往往很费劲。唯有看准头羊或头牛，拿绳索套上它的头强拉回来，其余的牛羊随其

返回。

在第六号岩画点还有一幅《穴居图》。画上，圆形的洞口旁岩石层层叠叠，山洞四周站满了人，另有一人正张着手臂从洞口钻出来。

佤族民间流传着一个"司岗里"的创世史诗，说在远古的时候，人被囚禁在密闭的大山崖洞里出不来，万能的神灵莫伟委派小来雀凿开岩洞。老鼠引开守在洞口咬人的老虎，蜘蛛织网缠住不让人走出山洞的大树，人类历尽磨难，终于走出山洞，到各地安居乐业。

司岗就是洞的意思，"司岗里"就是从岩洞里出来，特指的地理位置在沧源县岳宋乡南锡河对面缅属岩城附近名叫巴格岱的地方。过去佤族每年都要到巴格岱"司岗里"处剽牛祭祀纪念"司岗里"。

永德海村东北点有著名的《圆圈舞》岩画，在画面上，有五个人围成了一个圈，高举起一只手臂，垂直投影的画法使他们看上去像五片盛开的花瓣。

这种抒发人们愉悦心情的舞蹈一直流传在云南少数民族，是一种

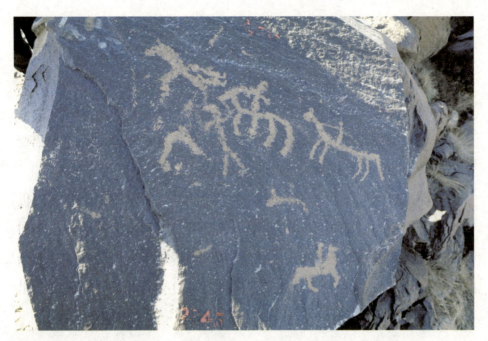

群众性娱乐节目，佤族人每逢过年，不论男女老少都要围着篝火，跳上一曲"圆圈舞"。

沧源岩画均呈红色，是用赤铁矿之类的颜料所绘，画具或用手指。图形较小，以人像为例，大者身高不过20厘米至30厘米，小者身高不足5厘米。

红色为很多远古民族最喜爱的颜色，它象征着生命和欢乐。

沧源岩画的画面集中，常以连贯的手法表现出当时人们的狩猎、斗象、舞蹈和战争凯旋等场面，内容明显可辨。

同时，沧源岩画的人均不绘面部，而着重表现其四肢，通过四肢的不同姿态，可以看出人的动作、行为，甚至可以看出身份和地位。

沧源岩画的动物则着重表现耳、鼻、角等特征，通过这些特征可以辨别动物种属。无论动物或人物，一般都是遍身涂色，只有少数图形仅绘轮廓。

或许，沧源岩画是一支在迁移途中的佤族人所绘。他们沿勐董河逆流而上，到达勐省坝，在石佛洞中安顿下来。为了给后来者留下路标，他们在沿途的石崖上画上岩画，告诉人们他们在勐省坝的生活，希望后来的人能循此找到他们。

于是，他们用手指蘸着红色的颜料，在一块块光滑的峭壁上描绘下美好欢乐的生活，用血液的颜色书写生命的热情。

一幅幅岩画幻化成与真实交织在一起的场景：夕阳的余晖为阿佤山披上了一层金色的霞衣，山路上牛铃叮咚，牛群掀起阵阵灰尘奔向畜圈，剽悍的佤族汉子挎弩、肩扛着犁，带着一天的辛劳在落日的余晖中返回山寨。寨内炊烟袅袅，臼声阵阵。月亮升起的时候，寨子里响起纯净旷远的歌声……

司岗里是佤族老祖先出世的地方。因此，许许多多的佤族人民，经常会到司岗里朝拜，同时把那里的山崖岩洞、溪水飞瀑、树木花草、飞禽走兽、蓝天白云都绣在他们的衣服上。

佤族人始终记住：我是从神圣的司岗里走出来的阿佤人的后代，司岗里的灵气总会与我同在 ……

各地区的佤族虽然对"司岗里"解释不同，但都把阿佤山视为人类的发祥地，同时也共同反映他们都是阿佤山一带最早的居民。"司岗里"是佤族对自己本民族古穴生活的回忆。

壮族先民创作的花山岩画

花山位于广西壮族自治区宁明县城西南的明江河畔，是一座断岩山，临江断面，形成一个明显内凹的岩壁。岩壁上留存有大批壮族先民骆越人绘制的赭红色岩画，这就是举世闻名的花山岩画。

花山岩画是我国战国至东汉绘制在崖壁上的图画。是左江流域岩画

群的代表，也是我国单体最大、内容最丰富、保存最完好的一处岩画。

花山与"画山"谐音，壮语名为"岜来"，汉译为"有画的石山"。花山岩画高达40米，宽221米。这里共有图像1800多个，最大的高达3米，最小的有0.3米。岩画的人群分布在几千平方米的崖壁上。岩画气势雄伟，内容丰富，是我国最大的一处岩画点。

花山岩画内容丰富多彩，绘画技巧高超，非常富有特色，可以说是岩画中的精品。

花山岩画的绘制年代早期可追溯至春秋战国时期，距今已有2500多年的历史。历经了战国、西汉、东汉等多个历史时期的不断完善，才形成这震撼人心的鸿篇巨著。

现存的花山岩画长172米，高50米，面积达8000多平方米，可辨认的图像有111组1800多个，内容包括人物、动物和器物3类，以人物为主。

人物只画出头、颈、躯体和四肢，无五官等细部。基本造型分正身和侧身两种。正身人像形体高大，皆双臂向两侧平伸，曲肘上举，双腿叉开，屈膝半蹲，腰间横佩长刀或长剑，神情潇洒。

侧身人像数量众多，形体较小，多为双臂自胸前伸出上举，双腿前迈，面向一侧，作跳跃状。

岩画中的中心人物居于画的中央，身材魁梧，头戴虎冠，身佩长剑，威风凛凛，是队伍中的首领。

一般的头领也是体魄健壮，彪悍异常，与众不同，突出于群体之中。侧身人像数量众多，有的头戴饰物，有的赤身裸体，有男有女，动作刚健有力。

众多的体形较小的人物簇拥在身形高大的"首领"周围，形成众星捧月的构图。远看，岩壁上一片赤红如血，近看画像密密麻麻，整幅画面把许多元素混杂在一起，喧闹而热烈。

动物图像主要是狗，皆侧向，作小跑状。器物图像主要有刀、剑、铜鼓、铜羊角钮钟。刀、剑一般佩戴在正身人腰部。

画面上的铜鼓数量非常多，只画出鼓面，有的鼓面中心有芒，个别鼓面侧边有耳。这些图像在画面上交错并存，组合成一个个单元，排满整幅画面。

典型的组合是以一个高大魁伟、身佩刀剑的正身人为中心，他的脚下有一条狗，胯下或身旁放置一面或数面铜鼓，他的四周或左右两侧有众多的形体矮小的侧身人。

这些画面可能是一场祭祀活动仪式的记录，是巫术文化的遗迹。岩画由于长期暴露，许多画像颜色逐渐减退，模糊不清，有的画壁已崩落，现正在研究保护措施。

花山岩画正面临江，崖壁明显内斜。画面长 172米，距江面最高90余米，底部高出江面30米，距离山脚一级阶地 3米至10米不等。

岩画的绘画颜料是赭红色的赤铁矿粉，用动物脂肪稀释调匀，用

草把或鸟羽直接刷绘在天然崖壁上。

　　花山岩画的画法采用单一色块平涂法，只表现所画对象的外部轮廓，没有细部描绘。风格古朴，笔调粗犷，场面十分壮观。虽然画面上只有一种颜色，人物也仅仅是用线条勾勒出大致的轮廓，但浩大的场面形成奔放、豪迈的气氛，令观者产生热烈、宏大、庄严的观感。

　　仰视岩画，一幅壮丽的画卷展现眼前：铜鼓声声，人欢马跳，群情激奋，欢声雷动。一个个赭红色人像组成的画面，既像庄严隆重的祭祀场面，还像钢筋铁骨的兵马阵，也像先民狩猎归来的丰收欢乐图。

　　岩画虽然线条粗犷却又栩栩如生。有的人像双手向上，双腿马步而立，型如青蛙；有的头扎发饰，腰挂环首刀，像英勇的武士；有的则侧身，作捧物状，如在欢歌起舞。

　　在这些人像之间，还穿插画有一些动物、兵器、乐器等图像，整幅岩画气势恢弘，热情奔放，内容丰富且带有神秘色彩，构成了一幅史诗般壮丽雄浑的壮民族历史画卷。

这些崖壁画是壮族先民通过图腾崇拜以祈求五谷丰登、人丁兴旺，其线条粗犷，造型古朴，历经数千年风雨侵蚀，依然清晰可见，不仅在广西，在世界上也极为罕见。

关于花山壁画的传说，也充满了浪漫的色彩。其中流传最广的一个故事是这样的：

古时候有个奇人叫蒙大，他十来岁就食量惊人，且力大无比。那年兵荒马乱，官刮民财，老百姓苦不堪言。蒙大忍受不了压迫，决心起来造反，但苦于没有兵马刀枪，怎么办？他每天上山砍柴，总是呆呆地坐在石头上一筹莫展。

一天，来了一位银须白发的老人，送给蒙大一叠纸和一支笔，老人吩咐道："你在这纸上面画兵马刀枪等到满100天，纸上的兵马就会变成真人真马了，但千万不要让任何人知道。"老人说完便飘然而去。

从此，蒙大每天干活回来，就关在屋里写写画画，废寝忘食。他母亲觉得奇怪，追问他，他总是说："100天后你就知道。"

谁知在第99天时，蒙大的母亲实在耐不住了，心想：只差一天不要紧吧，待我看看他画的是什么。于是，她趁蒙大不在家，便推门进去打开画箱。刹那间，只见那些尚未成真人真马的纸片哗啦啦飞出屋外，粘在村前的崖壁上，变成了壁画。

有一种理论认为，岩画是骆越民族首领用以显示统治力量，宣扬自己文治武功的。

据考证，两汉时期，今崇左、宁明、龙州、扶绥等地分散着骆越民族的多个部落，其中宁明当地这个部落势力较为庞大。

　　当时花山部落大首领联合其他小部落结成联盟，而岩画就是记录当时部落会盟的绘画。左江流域几百千米的石山壁都发现了零星的岩画，跟花山岩画相比，其他岩画规模较小，但画中的人形大同小异，由此可以推测，岩画的分布显示了这个部落联盟的范围，同时也象征了各个大小部落头人的权力。

　　另外还有一种说法，认为骆越人绘制花山岩画是为了祭祀神明。古时人们的原始宗教崇拜非常虔诚，对祭祀活动尤为重视，每逢祭祀均耗费大量人力物力。即便如此，他们还是觉得不足以表达对神明的供奉，于是就把祭祀的场景描绘在岩壁上，用岩画打造一场永不落幕的祭礼。

　　除此之外，还有"誓师""庆功""镇水"等多种说法，尽管每一种理论都能自圆其说，但因为没有任何确切史料加以佐证，只能是一种假说。

同时，花山岩画表达着怎样的主题？那些错综复杂的符号代表了什么意思？人物为何整齐划一地跳起舞来？这也是一个难解之谜。

从众多人物的姿态上看，画面更像是一场盛大的祭祀或节日庆典。画中人物大多双臂向两侧平伸，曲肘上举，双腿分开成屈蹲，明显是模仿青蛙的姿态，而蛙神崇拜正是壮族的古老传统，青蛙舞至今仍在民间有所流传。

其次，画面中出现很多铜鼓，这种重要的礼器也多用于祭祀场合。另外，一些人物形象有明显的性别特征，画面出现了身怀六甲的妇女、成群结队的小人，有人认为这反映了古骆越人的生殖崇拜。

据这些内容可以推断，画面表达了一种欢乐、庄严、神圣的场面，如果不是祭祀，也是某种庆祝仪式。而在古代骆越人的生活当中，盛大的节日庆典，往往是和祭祀同时进行的，在举行仪式的过程当中，当然也少不了敲铜鼓、跳蛙舞。

不管画面具体描述了哪一种场景，它都实实在在地反映了古骆越人的生活场景，表达了人们对英雄的崇敬和对力量的歌颂，以及祈望人畜兴旺、风调雨顺的美好心愿。

根据花山岩画上的羊角钮钟、环手刀、铜鼓等器具的形制，基本可以确定岩画创作于战国至东汉时期，距今已有2000多年的历史。

令人称奇的是，经历了如此久远年代的风吹日晒雨淋，壁画的颜色仍然非常鲜艳，不知先民们是用什么颜料作画的？

在如斧劈刀削般、高耸险峻的崖壁上，这些图像又是怎么画上去的？这是古人对花山岩画的感叹，也提出了让人百思不得其解的两个疑问。

关于绘画的颜料，通过检测，发现其中的主要成分是一种天然矿物质原料赤铁矿。然而只有这天然赤矿粉，无法在坚硬、光滑而且直立的崖壁上作画，必须配以粘剂调和。

经过进一步检验，发现颜料里的确含有胶着剂成分，但是检测出来的胶类，到底是植物胶还是动物胶？以当时较为原始提炼工艺，古骆越人又是如何获取这些成分的？胶与赤铁矿又是如何配制的？这又给后人留下了许多谜团。

数千年不变色的颜料配方，或许可以理解为古人偶然得到的，毕竟这还在经验和常识的范畴内。

而他们如何"飞上"半空，在高达40米的岩壁上画画，则令人百思不得其解，发出"悬崖峭壁费登攀，泼墨涂朱更觉难"的感叹。

这里也有几种猜测：

其一，自下而上攀援法，即利用崖壁上部或下部的树枝、树根或岩石裂隙等地形地物，攀援而上达到作画地点的方法。

　　然而，在崖壁上有许多倒石锥坡、错落体、台地或石坎，这些画面位置有一定的高度，根本没有支撑点，而且崖壁陡峭光滑，无法攀登，站立尚且艰难，作画更不可能。

　　其二，自上而下悬吊法，此方法是以绳索、藤条之类为辅助工具，利用树根、岩缝等地物，从崖壁顶部悬吊攀援而下，这样就能顺利到达作画地点。

　　但是，整座花山崖壁呈向外倾斜姿势，底陷上突，从崖顶到地面的垂直点与岩壁的距离达20多米。如从崖顶往下吊人，无论如何也难以贴近崖壁。

　　其三，高水位浮船法，这是在山洪暴发、江水上涨之时，利用高水位浮船或木排到画壁下作画的方法。

　　然而，画像最高处距地面40多米，如果江水真的涨到这一高度，明江流域早已一片江洋，在这种情况下画师还有闲情逸致作画，那他们的心理素质恐怕非比寻常，强大得不可思议。

　　其四，直接搭架法，在坎坡上构搭一定高度的木架，画者攀在木

架上作画。

这种方法看似比较合理，但也有缺陷。从崖底至河边的平台最窄处仅3米宽，要搭架子，必须得从河里搭起，其难度可想而知。总之，这些猜想无一例外地有着重大的缺陷，无法解决登高绘画的问题。

而关于岩画的内容，又是另外一个不解之谜，由于花山岩画历史久远，又缺少相关文献记载，各种观点说法不一，至今还没有定论。

从岩画中，不仅可以看到壮族先民古骆越人的绘画艺术成就，同时还感受到了古代壮族社会生活内容的丰富和勤劳、勇敢、奋斗的民族精神。

知识点滴

花山，早在宋、明时期已有关于岩画的记录。1954 年，广西壮族自治区文化厅首先组织人到花山进行了初步调查，拍摄了照片。

1956年，广西少数民族社会历史调查组成立后，由广西民族学、历史学、考古学的科学工作者们和中央民族学院的师生组成了正式考察队，便前往宁明县明江一带的岩画点进行科研、调查和临摹。这次调查是有史以来对左江流域崖壁画的第一次科学考察。

当年，在广西壮族自治区政协礼堂将崖壁画临摹图及调查所得文物举办了一次小型展览，并邀请各界人士召开一次报告会。一些相关报道发表后，引起全国学术界的注意，因此，花山崖壁画就成了我国著名的岩画点之一。

1985年，左江流域崖壁画考察团，再次赴左江考察，接着又在南宁举行了学术讨论会，会上许多学者、专家对左江崖壁画的一些主要问题，看法已逐渐趋向一致。

僰人文化的麻塘坝岩画

　　珙县麻塘坝岩画，位于四川省珙县胜利乡麻塘坝。麻塘坝一带是"僰人"悬棺葬的集中地之一。坝的两侧高山耸立，岩壁陡峭。岩间多有天然岩洞，悬棺及岩画分布在这里的岩壁上。在20多处崖壁上有岩画近400幅。

麻塘坝岩画分东岩和西岩两部分：东岩有棺材铺、狮子岩、大洞、九盏灯、猪圈门、磨盘山、龚家沟的硝洞、邓家岩、三眼洞、玛瑙坡共10处；西岩有龙洞沟、漏风岩、天星顶及付大田、白马洞、倒洞、马槽洞、珍珠伞、猫儿坑、九颗印、鸡冠岭、地宫庙、刘家沟共12处。

棺材铺有红色岩画20多幅。其中正面人物两个，骑马人物五个，有一个人身系佩带，还有一个人右手执三角形物件，马十匹，鱼、鸟各一个，符号两个。

狮子岩有红色岩画80多幅，是麻塘坝岩画最多的景点。由于风雨和岩缝水的侵蚀，许多岩画或脱落或被岩浆覆盖。现可辨认的有：

人物十七个，八个作舞蹈姿势；正面站立人物一个；执刀者三个；一个右手向上举，左手下垂，右脚成弓步，前有一圆球状物，似作踢球状；一个左手举十字形兵器；一个右手举三角形带柄物。骑马人物十四个，有执十字形兵器者，有佩刀者，有牵马者。白色颜料绘的马两匹，还有一些单个的马、虎、犀牛、鱼、鸟和符号等。

大洞在洞壁上有红色岩画五幅。其中正面站立人物一个，马一匹，符号三个。

猪圈门有岩画10多幅。其中人物四个，一个双手举十字形物件，一个右手持三角形物件、左手提一圆形物，一个看似戴面具的作舞蹈状，一个右手拉着一根长线钓鱼状，另外有马一匹，鱼两条，符号两个，武器四件。

磨盘山有红色岩画3幅。其中动物岩画1幅，符号岩画2幅。

大洞口的岩壁上有红色岩画5幅。其中人物一个，动物一个，圆点三个。

龚家沟有红色岩画8幅。为人物、马、符号画。

邓家岩有红色岩画32幅。有骑马人物、单个人物、马、虎、鸟、符号画等。

三仙洞有红色岩画15幅。此处的岩画经风雨侵蚀比较严重，现可辨认的有站立人物、马、虎、铜鼓、符号画等。

玛瑙包有红色岩画11幅，主要是人物、武器、符号类的画。

龙洞沟在洞内崖壁的人工凿龛旁，有红色人物画2幅，另有鱼画6幅。

漏风岩和付大田。漏风岩有人物画两幅；付大田有人物画一幅。

白马洞是岩画较多的一处，共有四组图形，包含人物七个、动物七个、武器三个、符号五个。此处有一些岩画因位置太高，无法辨认清楚。

马槽洞在约45米高的崖壁上，有红色岩画7幅。其中人物三个，一个右手持盾状物、一个头插羽状物，一个下半部模糊不清。动物一个，符号三个。

九颗印有10多个红色方块组成的棋盘式图案。其中9个方块最清晰，类似图章。另有红色岩画51个，为马和符号画。

地公庙有红色岩画9幅，为两个人物、一匹马、两个兽、4个符号画。

麻塘坝的悬棺由于历经风雨，曾坠毁不少。岩画用红色涂绘，绘制在悬棺旁的岩壁上，岩画中以单个人物画最多，骑马者次之。动物有虎、犀牛、鱼、鸟等，还有一些奇特的符号。动物中又以单身马为多，另画有马厩。

麻塘坝岩画是西南岩画系统的一个重要分支。悬棺葬是风葬的一种形式，即将殓葬尸体的棺材，悬置在临江靠水的高崖绝壁上。珙县

是我国悬棺葬最集中的地区之一，这一带又是古代僰人活动的地区，所以又称"僰人悬棺"。

珙县悬棺岩画是一种特有的文化现象，它伴随着悬棺葬俗，在陡峭的崖壁上生动地记录着我国少数民族"僰人"的生活状态和精神世界。这些岩画尽管没有经过绘画训练的少数民族的作品，笔下的形象是幼稚的，但是在我国古代的少数民族文化宝库中占有重要的位置。

珙县麻塘坝岩画采用平涂图绘法，再加上被大自然的剥蚀程度、色泽、画风的影响，题材和内容丰富多彩，线条粗犷，构图简练，栩栩如生，呈现出不同艺术特色，表现了僰人生产、狩猎、生活、娱乐、礼仪等场景。

珙县僰人岩画多姿多彩。按画的内容，可分为人物画、动物画、武器画、符号画等四种类型：

人物画90多个，其中有头上向左或右椎髻的、有头上饰物或戴帽的、有各种骑马动态的。人物画表现了人的各种形象和动态活动，主要有单人骑马奔驰、双人骑马奔驰、手持器械驰马竞技、各式马上表演、武术、杂技、舞蹈、踢毽、舞风车、牵马、散步、钓鱼、狩猎、佩刀、执箭、执刀、执矛、执伞、执旗、执盾、执棒等。

大多数人物画的人物形象是裸体的，只有少数有服饰，服饰为穿裤、穿裙等。人物画的头饰为椎髻、插羽、戴帽等。

动物画中最多的是马，约有60匹；其他为狗、野猪、野牛、虎、豹、鱼；还有怪兽、雀鸟。其中两只似乎是"凤"鸟。

武器多附绘于人物，有腰佩宝剑、手执哨棒、手执T形器械、手执十形器械、手执球状物、手执扫帚形器、手执三叉形器械。有单绘的矛头和斧头状器械等。

符号画中有很多符号、图形，如太阳徽、三角形、车轮、长方

形、太极图、圆形、方印、五角星、红十字、双同心圆套六角星、串珠、山花、马厩、羊圈等40多个。还有一些三角形堆垒和正方形堆垒组成的组合图和奇形符号。

麻塘坝岩画的素材来源于生活。在这些岩画中，小到头饰的不同，有椎髻型，无椎髻型，戴帽型。在有椎髻型的头饰中又有长椎髻、分叉、短椎、双椎、帽饰物的不同。可见表现细微，充分抓住了人物的头饰特征。他们描绘的真实，来源于对生活的观察。

岩画中马的形象众多，但对其刻画不尽相同，有的前肢跃起，有的立足不走，有的向前飞奔，有的马头向后张望。

在麻塘坝棺材铺的一个舞者形象，身穿连衣裙，头向左边上抬起，左脚抬起，双脚优雅地交叉，左手在胸前微微弯曲，右手很自然地向后抬起，姿态美丽得如同跳芭蕾一样，更为生动的是头上的发髻直直地立在头上，而在发髻朝向的不远处又有两斜线，看上去像被风吹动的发髻，舞者高贵舞姿妙笔而生。

而在邓家岩处有一副虎的岩画，它身上的斑纹一条一条的，嘴张着，嘴角向上翘起看起来十分的可爱。它的尾巴向上翘着，弯弯的，似乎在摆动着，正讨人欢心，看上去一点都不害怕，倒觉得和人十分的亲近。

珙县岩画图形相当分散，似乎以一些孤立的图形来表达当时人物的某种活动和愿望。例如，画马、马圈以及众多的人骑马，都是为了祈求马匹繁殖，出行有马。

在猪圈门画鱼和人牵鱼的形象，可能希望捕鱼有获，更有可能寓有祈求富裕、年年有余之意。

珙县悬棺岩画的图像大多采用了剪影式的色块平涂法，少数为勾勒法绘制在陡峭的灰黄色、灰白色的峭壁上。在画中描绘的人物大多为正身像。

在麻塘玛瑙坡的岩画中有两个人物图像,头部为简单勾勒了轮廓,但身体却采用平涂,穿着筒裙,提着三角形物体,神气得很。两个人物形象表现上,勾勒平涂相互渗透着,你中有我,我中有你,对比强烈,和谐统一。

珙县悬棺岩画的颜色大多采用橙红色,极少数采用白色的颜料画成。红色强烈、醒目又是生命的象征。岩画以大自然为背景,以单纯的红色去表现。大自然的绿色和崖壁上的红色形成强烈的对比,二者摆在一起分外醒目。

知识点滴

1935年,葛维汉到珙县考察后,著《川南的白人坟》一文并临摹了珙县麻塘坝僰人岩画。文中写道:"另一使作者感到重大惊奇的,是发现在非常接近白人坟的岩面有许多岩画。"

1946年夏,芮逸夫和石钟健到珙县考察,石钟健著《四川悬棺葬》一文并临摹了部分岩画。

1974年夏,四川省文物管理委员会、四川省博物馆、珙县文化馆联合对珙县麻塘坝悬棺进行清理发掘,考古人员攀登悬崖峭壁,对麻塘坝东西两侧20多座崖壁上的岩画,逐一搜寻。在棺材铺、狮子岩、鸡冠岭等22处,曾临摹了大量的岩画。这些临摹的岩画整理出来后,受到学术界的高度重视。之后,掀起了珙县僰人悬棺葬文化研究热。

汉彝交融的博什瓦黑岩画

　　博什瓦黑石刻岩画为唐宋时代南诏大理国时期的彝族宗教文物遗迹。它位于四川省昭觉县城西南部的碗厂乡团结村博什瓦黑的南坡上。博什瓦黑，彝族译音，意为"岩石上的龙蛇"。

博什瓦黑石刻岩画掩映在松树林和杜鹃林中的海拔2.7千米处，岩画面积440平方米。画像在16块天然巨大的岩壁上阴刻19组27幅，最大的一块顶部面积约200平方米。

27幅岩画中，神佛像47尊，世俗人物15个，佛塔2座，禽兽25个。这批岩画，规模宏大、气势磅礴；描绘逼真、入木三分；形象生动、风格各异；画面宏伟、国内罕见。

博什瓦黑岩画具有浓厚的时代地方特色和典型的彝汉民族大融合的风格，为唐代南诏和宋朝大理时期所营造的大型密宗摩崖造像，是一处主要镌刻南诏时期的岩画。

唐朝后期，大小凉山并入南诏国，置建昌府，南诏灭亡之后，此地区归大理段氏政权统治；因此，博什瓦黑地区曾是南诏国的管辖范围，此地曾经也是唐中原内地通往云南和南洋的"南方丝绸之路"的通道之一。

　　古时当地彝族人民敬奉博什瓦黑为神地，由此演绎出许许多多的神话故事、迷信传说与禁忌，行人多绕道而行，加之百年苔藓的掩盖，使博什瓦黑石刻岩画较好地保存下来。

　　南诏时期与唐王朝关系密切，因此，那里受到内地汉文化的影响是比较浓烈的，特别是南诏国王任用汉族人郑回为清平官，更加促进了彝汉文化的交流。博什瓦黑岩画是这方面的活化石。

　　除少数原始岩画外，博什瓦黑岩画绝大部分是佛教阴线镌刻画像，部分造像的面部采用浅浮雕手法。

　　博什瓦黑石刻岩画分为南、西、北三个岩画区，南区有8处岩画石刻、西区有5处岩画石刻、北区有3处岩画石刻。

　　南区位于博什瓦黑山坡中下部，近邻博什瓦黑河的北岸，是整个岩画的主区，其中有一处刻石最大，是南区的中心。

　　此处有《卧佛图》，也有说它是古彝人的《超度送灵仪式图》。

在这块巨石上较平整的上方凿刻了一卧佛，卧佛头枕着左臂，静静地入定躺着。卧佛左上方刻有一小人，当地人说雕刻的是彝人传世英雄支格阿龙，这块大石头上的岩画，已年代久远，严重风化，看得不是很清晰了。

另外一处石头上刻画的是人们常说的佛教里"四大金刚"，"四大金刚"用写实的手法刻画了威武雄壮手持弓箭武器的4位武士。他们个个赤着胳膊和脚，瞪着大眼，有所向无敌之气势，线条简练而不失张力，作者以满腔的热忱，粗犷中带细腻的手法表现了南诏国时的尚武精神。

南区内其他几块石头上还雕有龙、龟、麒麟等图腾，释迦、观音、明王、毕摩造像等。

《毕摩作法图》中以写实的手法刻画了一位留着卷发辫子的大毕摩，他面容祥和，戴着大玛瑙耳环，盘腿而坐，手持毕摩祭司的法器神扇，正在做法术。

在《毕摩做法图》中，以娴熟的岩刻技法塑造了一位法力高强而充满智慧和灵性的毕摩形象：他用铁链拴着狼做祭物、以超凡的法力招来了"神鹰"，即毕摩的附体之神"安萨"，展翅飞向毕摩的方向，造型准确而生动，往前飞越的动势在岩石的二维平面上表现出了完美合理的透视关系，线条凝重而流畅，显示神鹰风雨无阻的神力。

"毕摩""神鹰""狼"构成了一幅超越世俗的作法场面，作者的确独具匠心，这样一幅作品确能力透着毕摩文化的精髓内涵。

另外，《支格阿龙》的传说，在西南彝族地区广为传颂，他智勇双全，骑着"双翼神马"云游四方，为民除害、斩妖除魔，射死多余的日月，除掉无恶不作的恶龙，成了千百年来彝族人民传颂的英雄。

从彝汉题材同时出现在一个岩画群中的状况，可以证实南诏国时期是一个民族大融合的时期，博什瓦黑岩画正呈现的是彝汉从"文化混血"到"艺术混血"的现象。

西区位于南区的西部，共有5处刻石，最南边一处刻石有一尊男性像，该刻石右侧有4处刻石。

北区位于山顶，有三处刻石，其中两处靠西，岩画刻线技法粗犷，刻的是小型人物。其东南边的悬岩有一横长形岩石，在岩石南面较光滑处刻有一副6人骑马的出行图，气势庞大，人称《南诏王出巡图》。

这幅《南诏王出巡图》岩画中清晰可见南诏王具有深厚的帝王气质，气势轩昂，头戴高冠、高居马背，头

顶上空一条巨龙腾空而舞，前后侍从簇拥，浩浩荡荡结队而行。

　　"南诏王出巡图"构图严谨、形象逼真、准确生动，画中人骑马出巡，错落有致，疏密得当有序地安排画面主体，特别是骑马人比例准确而生动，娴熟的阴刻造"线"运用得轻松自如，凿刻了姿态不同的马和特征各异的骑马人。

　　画中还有两只跟着马队脚下跑的猎狗，一前一后之间既有向前行跑的速度，又有相互呼应的生动性，而且从狗的造型上分析是彝族人特有的"土猎狗"。

　　此幅岩画是该岩画群中精彩作品之一，古老的南诏艺人们充分利用这块岩石走势，从视觉的张力角度出发，从整体到局部把构图经营得饱满而紧凑、完美而和谐。

　　这些岩画作品就像活化石般阐释着这片土地上已经被岁月淹没的

年代，阐释着那个年代的神秘的南诏文化，阐释着彝汉文化进入一个崭新的"混血时代"的具体实例。正因如此，博什瓦黑岩画也形成了自己独特艺术语言魅力。

博什瓦黑岩画是人类已进入铁器文明时代的唐代南诏时期的凿刻岩画。此岩画群磨刻和凿刻两种技法均有运用，造型功力深厚，无论表现人物、动物，其技法技巧均达到了相当高的水平，其造型写实能力真可谓已达到炉火纯青的地步。

在刻线技法上，博什瓦黑岩画将毕摩画"线描"技法和国画"白描"技法相结合，兼收并蓄、自成一体，用锋利的刻画工具创造了具有毕摩画特质的线描效果，线条简约而古朴，达到一种"神秘的写实主义"效果。

同时，也不失中国画白描中"线描"技法，巧妙利用每块石头之造型走势，得体安排画之总要，从整体上合理把握每幅画的大局，达到整体到局部的完美统一。

博什瓦黑画中虽无随类赋彩于岩画上，但看其对人与物精彩而生动的刻画，可以说南诏岩画大师们给石头赋予了生命，从中可以体会到南诏时期岩画艺术中融本土绘画技法和中原汉族绘画技法为一派的刻石方法。

博什瓦黑岩画是南诏彝族和汉族人民的物质与精神活动的缩影，用古老的岩画语言阐释当时人们的生活习俗、宗教信仰，记录着这个远古民族那一段原本就难以寻觅到史料实证的生存历史，并将其符号化、直观化，使之成为研究南诏文化艺术的桥梁。

佛教自魏晋时期传入我国以来，佛教艺术以其博大而精深、灿烂而耀眼的风貌闪亮在中华大地上，它以石刻壁画艺术之直观的方式阐释着繁杂的佛教经书内容，给深奥难译的经书文字内容赋予图像化的解释，使之能通俗易懂地宣扬佛家思想，达到普度众生之目的。

在博什瓦黑岩画群中佛教造像占有很重要的比重。例如《超度送灵图》《论禅图》等无一不传扬着佛教艺术深邃的文化内涵。同时也说明了南诏人民对佛教的虔诚信仰，政教合一的体制在南诏形成。

图腾崇拜是我国众多岩画中一个永恒的题材，无论是北方岩画还是南方的原始岩画中都出现了很多"图腾文化"方面的内容；在博什瓦黑岩画中也出现了"龙""鹰""鱼""麒麟"等诸多图腾造像，更加丰富了岩画的内容和形式。

"鹰"是彝族崇拜的图腾之一，彝族民间关于"鹰"的传说很多，鹰与濮嫫娌也的故事，彝族毕摩与"鹰文化"的传承等，已经成为中外彝学界探究的重要内容。

知识点滴

博什瓦黑岩画不仅有较高的艺术欣赏价值，而且也有极高的历史考古价值，为研究我国西南地方史、宗教史、民族史、文化艺术史以及南方的佛教艺术在我国的传播，提供了重要的原始资料，是研究南诏国地方政权的政治、军事、经济、文化活动的有力佐证，还为了解当地历史、佛教的传播以及古代民族关系提供了新的史料。

自1981年报纸报道以后，很快驰名中外，吸引了国内外很多学者和旅游者前往参观考察。博什瓦黑岩画与南诏腹地的南诏重要文物"南诏德化碑"、"崇胜寺三塔"、"剑川石窟"具有同等的历史地位。

1991年，四川省人民政府公布博什瓦黑岩画为四川省文物保护单位。

东南沿海代表的福建岩画

　　福建省的岩画在东南地区相对较为丰富，有福州市九曲山岩画、华安县岩画、东山县岣嵝山岩画、漳浦县岩画、南靖县村雅村岩画、仙脚印岩画、诏安县龙山岩画、东门屿岩画等10多处。其中以华安县岩画、东山县岣嵝山岩画和漳浦县岩画富有代表性。

　　九曲山岩画位于福州市城门镇林浦瑞迹岭瑞迹寺后井边岩壁上。

岩画南向，刻在4块重叠交错的天然岩石上，5幅成一组。

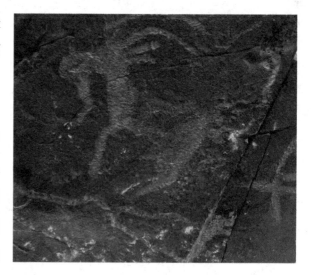

最上一幅呈凤凰形，岩面阳刻几何形云纹。中间一幅呈三角形，阳刻几何云雷纹。左下侧相邻两幅分列，为阴刻雨纹图案。右下幅阴刻一图，似为文字。该岩画凿刻时间当为秦汉至唐之间，可能为祈雨图。

华安县岩画广泛地分布于福建南部九龙江下游及其以东地区，除仙字潭之外，没有大面积多图形的地点，一般是在孤零零的一块岩石上刻石作画。有以下9处：

石井岩画。位于华安县湖彬乡石井村后溪林内，主要凿刻着5个大小不等的圆形凹穴。

蕉林岩画。位于华安县之南稍偏西的新圩乡蕉林村。这里巨石棋布，岩画主要反映了蛇的题材。

高安岩画。岩画点在县城西南的临溪。岩画由大小均等的11个圆穴组成，可能是星象图。

良村岩画。岩画点在良村乡芹岭村，画面的主题图案为十字形，除此之外还散布着圆穴、足印，以及类似鸟形的刻画。

仙字潭岩画。在九龙江支流汰溪的北岸，地属华安县沙建镇许田村。九龙江的支流汰溪由此流过，并折而东流，形成一个较大的河湾。岩画刻于临水的石壁上，人们称之为"仙人题字"，故名仙字潭。岩画分布在长约30米，高约2.5米至5米，从西向东依次分为数组，以人面像、舞蹈以及其他人物活动为主，图像中还散布着各种符号。

仙字潭石刻共有6处，自东往西长30多米。除一处汉字"营头至九龙山南安县界"外，其他5处共36个符号。既像图画，又像文字，有的如王者坐地，有的仿武士争斗，有的若舞女蹁跹，有的如兽面狰狞，有的像俘虏被执，有的似人首落地，千奇百怪，其意难以索解。

从图像造型看，仙字潭石刻是书画同源的一个标本，是由图向文字过渡演变中的一种象形艺术杰作，因此，从某种角度来看，它的意义并不亚于甲骨文、金文的价值。

于是，有人就用甲骨金文进行套译，所译内容虽略有不同，但都认为是氏族部落战争的记功石刻。

这些石刻究竟属于哪个民族的文化遗存也有争论。一种认为是古代"七闽"部落的遗迹，一种认为是古代番族、吴族、越族之间一次战争的记功石刻，一种认为是畲族先民遗下的文字。

石门坑岩画。岩画点在华安县城东北处的地方，九龙江在其西侧流过。岩画磨刻在山上路边的一块孤石上，孤石旁边有深沟。画面最右边是套在一起的两个蹄印形。下边图像较密集，是11个蹄印。

草籽山岩画。该岩画点位于华安县马坑乡，岩画磨刻在一块孤石上。画面由5个蹄形组成，另有数个蛇形图案。

官畲岩画，在华安县东南的新圩乡官畲村。岩画凿刻在官畲村坟仔翰稻田边的一块孤石上。画面由7个符号构成，符号大致表现了蹄印和动物形。

湖林脚印岩画。在华安县湖林乡下溪边的石桥头，有男女足迹各一个，相距约一米；湖林乡猴仔树岭中段，也有一脚印。

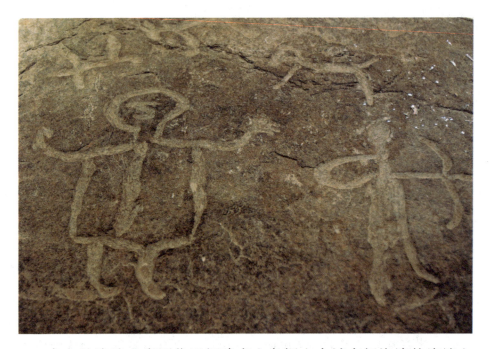

东山县岣嵝山岩画位于福建东山岛铜山古城东门海滨的岣嵝山上。共两幅：第一幅位于一块巨石上。凿刻以女性生殖器为主题的图案；第二幅位于一巨石之顶，在石顶正中有一圆形的大凹穴。坑底有一人足印。

福建漳浦县岩画共有五处：

墓坑岩画。在漳浦县石榴乡寸石山上，凿刻在农田中一块孤石之顶，岩画已破坏。据拓片来看，左边一个双臂上举的人，两腿开叉成一条直线。画面中部似一动物的形状，右边还有些符号形。在这些图像之间，还有一些不规则的杂乱符号。

海月岩岩画凿刻在海月岩南边的山顶岩盘上。岩画内容为一些脚印，脚印走向朝南。

赵家堡岩画，内容为人的脚印，不过画面已消失殆尽。

石妈堡岩画，在县城东面10千米处的山脚下，山下有一巨石，巨石周围又有小石围绕，似为一"社神石"的遗迹，石上刻有高浮雕，其状似女性生殖器。

大荟山岩画，在县东的佛坛镇下坑村，与金门岛隔海相望。这里凿刻了2组岩画，共6幅画面，内容有马蹄形、小圆穴、同心半圆形、蛇形线刻等，似有不少星座的图像，如北斗星座的刻画，表现了浓郁的天体崇拜意识。

福建东门屿东距台湾约185千米，与东山主岛隔海相距1.5千米，面积约1000平方米，与1387年建成的铜山古城遥遥相对，东门屿由此而得名。

东门屿主峰有明嘉靖五年（1526年）修建的文峰塔，其东北面山腰有"云山石室""石斋"等黄道周读书处遗迹以及多处明清时期摩崖石刻。

东门屿有一处太阳纹岩画遗迹，周围多处岩画，散布在东门屿主峰文峰塔东侧的山坡岩石上，数量达七八处之多，形成一处颇为壮观的太阳纹岩画群。

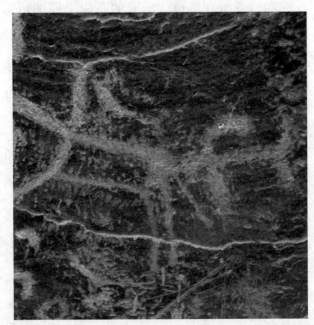

其中一处最明显的岩画位于文峰塔南侧的磐石上。岩画的西侧、北侧、东北侧和东侧均巨岩林立，抬头见石，东南侧与南侧则视野开阔，面对一望无际的大

海。纵贯山顶的小径经过岩画北侧，岩画南侧为主峰的陡坡。

岩画的东面正前方略偏北处有一块巨石相对，岩画与巨石之间相形成一块平地。

此外，岩画的南侧与东南侧另有小面积平坦的岩面。立于岩画前而稍向东南转身，则海阔天空，可目及远处的海平面。

一处岩画所在的岩石略向西北倾斜，呈不规则形，岩面较为平整，其右下部向地下延伸，左下部由于自然风化而崩缺，崩缺处有一大石块相抵。崩缺部位上缘呈半圆弧形，明显经人工修整凿成深凹的半圆，并在半圆弧之上深深雕刻着9道放射线，构成一幅巨大的"旭日东升、光芒万丈"的岩画。

这块岩画9道放射线长短参差不齐，每道放射线均与半圆弧形边缘相通，刻痕起端粗大渐向末端收小，刻痕宽2至12厘米、深1至3厘米。刻痕较深重而圆润，人工痕迹明显。

在岩画所在部位，原有的石面上即遗留有因自然风化而形成的放射状条纹，只是这些条纹均不甚规整，深浅不一，隐约而模糊。

此外，右起第二道刻痕则反映了另一种情况，它的上段保留着较深的微曲的自然条纹，下段则经人工雕刻，使自然条纹通向下面的半圆弧形缺口。

在岩画的正下方部位，石块被雕琢成台阶状，台面微向前倾，中间宽，两边渐窄。这块被人工凿出台阶的岩石，酷似置于岩画前的一把交椅或一只香案。古人素有太阳神崇拜的习俗，因此该岩画内容应为太阳神，而岩画前的人工凿石，可能是太阳神前的祭台。

另外，刻有太阳神的巨大磐石稍稍后倾，顶端与后面的另一块巨石相倚，构成一个近似三角形石洞，成为岩画遗迹一个十分特殊的环境。洞内地面平整，南北相通，上部为岩石所遮蔽小洞室。

这些岩画群可能是史前时代的遗迹，可能是南岛语族的祖先留下来的一种崇拜太阳的岩刻痕迹。说明这个岛屿至少在史前时代就有很多人在这里活动，因为它像一个宗教圣地一样，像一个比较集中的宗教活动区域，它最重要的神就是太阳神。

太阳纹岩画是母系氏族社会人类天道崇拜的表现，反映人类最初的天文知识：日月经天、星回斗移，太阳带来光明和温暖，带来生命和繁衍。

岩画以优美丰富的形象，表现古代社会的经济、生活、科学、宗教、文化、艺术等方面内容。当时还处在没有文字的年代，古人用这些岩画记录他们的意愿和要求。

东门屿太阳纹岩画的特点：一是规模大；二是利用岩石一些裂痕雕刻成半圆形，放射线非常深。前面有一块石头雕成一个祭台，附近发现石锛、石斧等，可见那时对太阳崇拜的炽热，说明当时生活在东门屿上的先民把太阳神作为他们的最高神崇拜。

东方"天书"将军崖岩画

　　将军崖岩画是我国新石器时代中晚期刻画在崖壁上的图画，位于我国江苏省连云港市锦屏山南麓的后小山西端，在南北长22米、东西宽15米的一块混合花岗岩构成的覆钵状山坡上，分布着三组线条宽而浅，粗率劲直，作风原始，断面呈"V"形，面壁光滑，以石器敲凿磨

制而成的岩画。

　　将军崖岩画是我国发现的最古老时代岩画，是这一沿海地区首次发现的岩画，也是唯一反映农业部落原始崇拜内容的岩画。

　　将军崖岩画位于将军崖下的一个隆起的山包上。山包上有一块巨大的原生石以及在原生石下排放着的3块不规则的自然石，长约两米，其中一块身上布满大小不等而又规则的凿刻圆窝，被称为"石祖"和"石足"，为东夷部落主要的"以石为祭"的祭祀主体。

　　3组岩画就围绕着这4块大石，排列在长22米、宽15米的北、南、东3面。在岩画北侧的山岩上原有一个石棚，在石棚里的崖壁上有一组古代武将骑马持械的图像，俗称"将军牵马"岩刻，这就是"将军崖"得名的由来。

　　将军崖海拔20米，山体为混合片麻岩。山周围分布着二涧村等11处新石器时代遗址和桃花涧旧石器时代晚期遗址。将军崖岩画据推

测是以石器敲凿磨制而成，距今约有4500年的历史，是我国最早的岩画，被称为"东方天书"。之所以会被称为"东方天书"，是因为它的内容，很多至今仍然是谜，如同天书一般。

将军崖岩画共分3组，每一组岩画都有奥妙，却又相互联系。

第一组图案位于西部，刻有人面、兽面和禾苗图案，并有 9 个符号。最大的人面高90厘米，宽 110厘米。头上刻一高32厘米、宽88厘米的尖圆顶饰物，上部为一复线半圆形图案，沿部刻有上下相对菱形的复线三角纹，中以弦纹分开。

人面的口部与另一个人面的头部相接，而眼睛以两条线勾出眼皮，再以3条横线表示眼睛；腮部刻有许多与五官无关的线条。其他人面的眼睛皆是在同心圆中加一圆点表示。人面大都有一条贯通的直线向下与禾苗图案相连。这一组还有两个不加脸框的人面图案，与龙山文化玉器、良渚文化玉器上的兽面纹极相似。

禾苗图案分为两种，一种由下向上刻4至8根呈辐射状的线条，另一种是在第一种图案的下部加一个三角形，中刻几条横线或圆点。这组岩画以人面和农作物为主，刻痕的深度、宽度相差不大。其中有一幅人像，头插羽毛，据记载，这应该是一位天神。而东夷族崇拜鸟神，这似乎与现在生物学对人、鸟曾有共同祖先的猜想不谋而合。

此外，还有一个"阴阳鱼"的图案，在一些少数民族的图腾中也能看类似的"阴阳鱼"图案，在玛雅文化中，也曾发现过这条奇特的阴阳鱼的身影，它到底代表了什么，它和玛雅文化又有什么联系呢？

第二组岩画主要是《星象图》。长800厘米，宽600厘米。左侧刻一长623厘米的带状星云图案，中以短线分为4节，左上角刻一个宽14厘米的兽面，星云图案用大小不同的圆点或圆点外加圆圈表示。这组岩画的下侧主要是各种动物的头骨图案，眼、鼻、口、齿可辨，但却没有脸框。右上侧有3个排列规整的太阳图案：同心圆外加放射线14根至21根和3个圆心连接成直角三角形。在这些主体图案之间，刻有许多表示星云的圆点或短线构成的各种图像。

其中有一条子午线，与后世根据科学测量所得的子午线误差极小，令人称奇。在远古时期，我们的祖先怎么会测量得如此准确呢？子午线的旁边是银河系，有趣的是，在银河系旁画着两个小人，说不定这就是传说中的牛郎织女。在另一块石头上还可以看到一些不同的星象图。

第三组图案位于东部，刻4个与古代传说中天神有关的人面，用短线和圆点表示五官，其中两人面的头上刻羽毛状饰物，人面之间也间杂以圆点和符号。3组岩画的中心相互倚选着3块从别处搬来的石头，每块大小为长200厘米、宽150厘米左右，石表面分布着对称的圆圈图案，直径3厘米至7厘米不等。

东侧有一未脱离基岩的大石，长370厘米，高250厘米，上述遗迹似与东夷先民奉大石为社神"下有三小石为足"的祭祀风俗有关。

在三组岩画的附近就是祭台，祭台上有着大大小小的圆形凹坑三四个，据说是在祭祀时盛放鲜血用的，敲击祭台的石头，会发出"咚咚"的声音，因此人们认为祭台具有仙气。

这些古老的岩画主要内容为人面、农作物、兽面以及各种符号，是我国发现的唯一反映原始农业部落社会生活的石刻画面，也是我国汉族地区首次发现的岩画和年代最早的岩画，还很可能是我国岩画中最为独特的人面岩画的发源地。

将军崖还有一组"鱼形岩画"，使将军崖岩画的内容更加丰厚。而将军崖上神秘的岩画却一直充满了疑团。

神秘的将军崖岩画主要有三大疑问：

第一，岩画的内容到底表现了什么？年代几何？

第二，将军崖岩画中心位置原有三块巨石，每块重达数万斤，好几个人也搂不过来。如此巨大的石头，在当时没有吊装机械情况下，是怎样从低处搬到高处的？

第三，将军崖岩石为混合片麻岩，非坚硬金属之物无法在如此硬度的岩石上有所作为。那么，远在没有金属工具的几千年前，先民们用什么器具刻下了这经历数千年风雨侵蚀，至今仍清晰可辨的阴文图案？将军崖岩画，或许是原始先民对土地神和太阳神的崇拜，或许是原始先民对谷神的崇拜，也或许是古代先民纹面习俗的遗留，甚至可能是"最早的观星测象台"。

在对宁夏贺兰山、内蒙古阴山等地发现的人面像岩画对照研究考证之后，推测认为，将军崖岩画始作于春秋时期，很可能是东夷族的附庸国少昊氏郯国的巫师为死亡的王族招魂引魂留下的印记，而当时这里就是郯国故都。

在山坡西侧的岩画中，三点纹和无轮廓线的类人面像是在描绘那些无形的游魂。有轮廓线的类人面像，如同鸟儿栖息笼中，其实是我国《楚辞》中所说的招魂用具"秦篝齐缕郑绵络"。"秦篝"是秦国用植物枝条制造的笼筐；"齐缕郑绵"是用齐国的麻线和郑国的丝线织成的布或丝绸，后也用来泛指衣裳。

鸟儿其实是鸟化的灵魂，那是一种古老的信仰。贯穿脸面中心的，是一条长线连着禾苗的图案，那应该是表示拴住灵魂入土。人的生命离不开衣、食、住，鸟的生存也离不开住的窝和吃的稻米，而鸟窝是用树枝和破旧的棉絮网罗而成。用鸟儿、笼筐、衣裳、稻米、长线，正是为了招引灵魂、笼络灵魂、维系灵魂，或希望魂魄复聚再生，或招游魂安居墓穴，或祭亡魂升天成神。

山坡南面是一群装饰各种鸟冠纹等的无轮廓线的类人面像，其间有帆船、云纹和中间写有"大"字圆形纹，后下方有一排人在跳巫舞，前方有一穿长裙的人在带路。

这组图像是巫师引导以鸷鸟为图腾的少昊氏王族的灵魂升天，返回到祖先居住的地方，也就是太阳里。点纹状长带为星座组成的天体银河，古人称作魂道；短直线为流星轨迹；帆船是引魂渡舟。

画面上的"大"字圆形纹符号是指日中之大人，即东夷人。圆形纹、中间有一点的圆形纹均似鸟头，象征鸟人灵魂。整幅中的一排人都在跳巫舞，这明显是引魂升天的仪式。

整体来看，在将军崖南口的这块弧形巨石上面，刻着很明显的星相图和植物身人面形。前者当与天体崇拜有关，后者疑为谷物神崇拜的记录。这些植物身人面形共10幅，阴线刻成，刻痕断面为V形，线条粗深圆滑，全无金属加工痕迹，估计是用石器磨刻成的。

10个人面形大小不等，最大的人面形作老妪模样，双目眯成鱼形，额头刻菱形双圈纹饰带，额头两边各有一缕发辫装饰，脸颊口鼻部位刻以交叉网状线条，颇似黥面。其他9面双目皆成圆球状，脸上也布满网状纹。10个人面形与地面草状物相连，均无耳朵，犹如植物结出来的果实。

人面与植物相连，说明与植物崇拜有关，就像人面兽身与动物崇拜有关一样。人面表示神灵，植物和动物则是崇拜祈求的主体。人面兽身形象在西安半坡仰韶文化遗址彩陶盆上出现，植物纹形象在浙江余姚河姆渡原始遗址的陶钵上，以及在兰州出土的原始陶瓶上均有发

现，而且形状与连云港近似，大概都与原始人祈求谷物丰收有关。

北方原始民族最早种植的农作物是稷，在山东北辛、西安半坡原始遗址中都曾发现过谷粒的化石。稷在谷物中的地位最高，被尊为

"五谷之长"。

连云港古属东夷少昊氏鸟图腾氏族活动之地域，周代为剡国所辖，汉属东海郡，地处边远，交通不便，人迹稀少，土地贫瘠。人民生活十分贫困，便希望谷物神给人以幸福。

在原始人看来，谷物何以会春青而秋黄，何以会丰歉不均？大概都是稷神在"作怪"。谷物也同人一样，有生命、有思想，有父母、有子女，一代传一代。人与植物的成长一样，所以人脸上布满了植物状纹饰，这分明是把植物人格化了。

我国以农立国，祭祀稷神的风习一直延续了几千年。以周代来说，他们把稷加以神化，尊为自己的始祖，每年春秋在祭祀天神的时候，都要同时举行祭祀稷神的活动。

《诗经》中把稷看得与上帝同等重要。"稷"字先秦大篆写作，是由禾、田、人组合而成的，保留了稷神的本来面目。将军崖岩画正是稷神的形象化，是稷神崇拜图。我国岩画描写稷神的，只发现这一幅，所以特别值得珍视。

将军崖岩画本身置于现代社会具有重要价值，分析起来主要有以下几点：

首先是它的历史价值。将军崖岩画的时代具有原始性。当然，无论具体年代距今7000年、4000年，还是距今3000年的青铜时代，它的几个"一"赋予了它在我国岩画史，乃至世界岩画史上的重要地位。第一个"一"，它是我国发现的年代最早的原始岩画之一；第二个"一"，它是我国发现的唯一反映原始农业部落社会生活题材的原始岩画；第三个"一"，它是我国发现的古代东方民族用于祭祀的坛类遗迹；第四个"一"，它是我国东部地区发现的第一处原始岩画。将军崖岩画出现在我国文字的诞生期，那时的我国历史尚无详细的文字记载，所以，它本身带有极为珍贵的历史信息。

其次是它的科学价值。由于将军崖岩画及其周围环境被完整地保存下来，加之它的内容、题材十分丰富，所以它对于历史学、考古学、人类学、社会学、天文学、哲学等众多自然科学、社会科学学科的研究具有重要的实物价值。当然还有它的艺术价值。岩画是指在岩石上或刻或绘的图案，属于美术作品。

因此，将军崖岩画是原始先民审美意识的具体体现，是他们利用原始工具、原始手段对自然和社会的具体描述。将军崖岩画不仅仅在艺术史上具有研究价值，它的价值还在于当后人面对它时，甚至仍然能够体悟到其中包含着的思想观念和审美情趣，从而产生强烈的共鸣和心灵震颤。

知识点滴

福将军崖这些古老的岩画，1979年被发现时只有三组岩画，主要内容为人面、农作物、兽面以及各种符号。其中第二组中的星象图拓片和第一组中的两张拓片模型已经作为我国最早的天文文物资料陈列于北京天文馆古观象台。

自1980年以来，全国众多知名学者对将军崖岩画这部"东方天书"从民族学、考古学、文化人类学、原始宗教学、古天文学等领域进行了分析研究，有学者说是原始先民对土地神和太阳神的崇拜，有学者说是原始先民对谷神的崇拜，还有学者说是古代先民纹面习俗的遗留。还有学者说是"最早的观星测象台"。可谓众说纷纭。